O GUARDADOR DE SEGREDOS

DAVI ARRIGUCCI JR.

O guardador de segredos

Ensaios

Grafia atualizada segundo o Acordo Ortográfico da Língua Portuguesa de 1990, que entrou em vigor no Brasil em 2009.

Capa
Rita da Costa Aguiar

Imagem da capa
Sem título, de Paulo Pasta, 2005; monotipia (óleo sobre desenho), 70 x 80 cm.
Coleção do artista. Reprodução de Romulo Fialdini

Preparação
Isabel Jorge Cury

Revisão
Carmen S. da Costa
Valquíria Della Pozza

Índice onomástico
Luciano Marchiori

Dados Internacionais de Catalogação na Publicação (CIP)
(Câmara Brasileira do Livro, SP, Brasil)

Arrigucci Júnior, Davi
O guardador de segredos : ensaios / Davi Arrigucci Jr. — São Paulo : Companhia das Letras, 2010.

ISBN 978-85-359-1655-3

1. Crítica literária 2. Ensaios brasileiros 3. Literatura brasileira - História e crítica I. Título.

10-03058 CDD-869.94

Índice para catálogo sistemático:
1. Ensaios : Literatura brasileira 869.94

[2010]

EDITORA SCHWARCZ LTDA.
Rua Bandeira Paulista, 702, cj. 32
04532-002 — São Paulo — SP
Telefone (11) 3707-3500
Fax (11) 3707-3501
www.companhiadasletras.com.br

À memória de Sebastião Uchoa Leite

In Nature's infinite book of secrecy
A little I can read.
Shakespeare — *Antony and Cleopatra*, I, 2.

Sumário

Prefácio

A variada matéria deste livro, composto de ensaios avulsos, escritos de 1999 até o presente, pode não dar uma ideia exata do secreto propósito que os orienta e lhes dá o mesmo ar de família, apesar da diversidade aparente do assunto. Todos se voltam para a relação problemática que vincula a literatura à experiência histórica, e na trama desse enlace, seja em prosa ou verso, tentam entrever o sentido que se aninha em "obras e dobras", para citar o poeta a quem o livro é dedicado.

Todo ensaio, sem deixar de vencer dificuldades análogas às que dão forma artística a um poema, a um conto ou a uma novela, é antes de tudo uma tentativa de sondagem do que se oculta no mais fundo desse objeto esquivo que é a obra. O alvo se constrói segundo regras próprias que o ensaio busca desvendar, num lance arriscado, para apropriar-se do outro e torná-lo princípio constitutivo de seu próprio ser. Apropriar-se do ser do outro torna-se, pois, um meio de construção no esforço de ler o sentido de outrem e de si mesmo.

Como a natureza, a poesia ama ocultar-se e muitas vezes se

dá em forma de palavras como um segredo. Sabe-se que é vã a tarefa de procurar desvendá-lo cabalmente, pois algo sempre escapa do que se deseja interpretar, mas ainda assim os diversos escritos aqui reunidos se arriscam na busca perplexa que lhes acena com a promessa de sentido.

São Paulo, abril de 2010
D. A. Jr.

POESIA E SEGREDO

1. Drummond meditativo*

Para todos nós, Carlos Drummond de Andrade é a figura emblemática da poesia moderna no Brasil. Não creio que Manuel Bandeira seja, como muitos creem, um poeta menor e inferior a Drummond, mas Bandeira é o grande poeta da passagem para a modernidade, enquanto Drummond é o poeta central da experiência moderna brasileira. Ao considerar este fato, dei com o seguinte ponto que me pareceu fundamental: tudo na obra desse poeta não acontece senão por conflito.

Realmente, tudo é conflitivo em Drummond. E conflitivo desde o começo de sua carreira. Ele experimentou contradições e dificuldades desde o início para forjar o denso lirismo meditativo que o caracteriza. Quando consideramos seus grandes poemas, logo nos damos conta do atrito dos elementos contraditórios e da densidade reflexiva de sua lírica. Até a figura humana do poeta, sua atitude característica, parece estar associada a essa densidade

*Publicado em *O Estado de S. Paulo*, 12 jul. 2007, Caderno 2, pp. D6-D7.

da reflexão: o ser e o dizer ensimesmado. É raro que uma foto sua escape ao ar pensativo com que nos habituamos a vê-lo.

E desde o princípio estamos diante desse traço decisivo do estilo ou do modo de ser da obra: a exigência de uma mediação reflexiva para se chegar à poesia. Um caminho atravessado por dificuldades. Se compararmos com Manuel Bandeira, de imediato se notará a diferença: Bandeira dá a impressão da mais fluente naturalidade. O próprio Drummond chamou nossa atenção, porém, para a "fábrica altamente engenhosa" de Bandeira, como está dito em seus *Passeios na ilha*, percebendo com precisão o quanto havia de cuidadosa construção naquela aparente espontaneidade.

A primeira impressão que nos dá Bandeira é a do poeta "ingênuo", na acepção que Friedrich Schiller empregou o termo no seu ensaio de fins do século XVIII: *Poesia ingênua e sentimental*. "Ingênuo" seria o poeta que procede instintivamente, conforme a natureza, enquanto "sentimental" — este seria o caso de Drummond — seria o poeta reflexivo, ou antes, o poeta que tendo se perdido da natureza busca, por meio da reflexão, restabelecer a sensibilidade "ingênua".

Com efeito, para Drummond a naturalidade parece constituir um problema, e a poesia, o objeto de uma procura dificultosa. Assim, a questão fundamental é essa poesia travada pela dificuldade que parece ser a sina drummondiana. "Procura da poesia" é não apenas um dos melhores poemas de *A rosa do povo*, mas o traçado do esforço que caracteriza sua aproximação ao poético. E basta lembrar outros poemas na mesma direção, como "Consideração do poema", "Oficina irritada" ou "O lutador", para sentir o peso dessa dificuldade e quanto a mediação do esforço reflexivo é uma exigência íntima para o poeta. Se dermos alguma folga aos conceitos de Schiller, Drummond será nosso poeta moderno e "sentimental".

No caso de Bandeira, a criação poética se mostra como natureza prolongada, e a crença na inspiração, na súbita manifestação do poético que constitui para ele o *alumbramento*, confirma o modo de ser "ingênuo". No entanto, sabemos que o alumbramento bandeiriano — essa linda palavra parece trazer consigo, pela trama dos sons, ecos simbolistas, entremeando luz à sombra e levando a "iluminação" a confundir-se com o mistério — é uma noção complexa. Exige do poeta uma atitude de "apaixonada escuta" e só se dá quando ela, poesia, quer, mas também não basta para concretizar em palavras a inspiração, uma vez que esta depende também dos "pequeninos nadas" da linguagem, que podem estropiar um verso ou uma imagem. Um poema pode ser, então, o resultado de um esforço construtivo de anos a fio: Bandeira gostava de lembrar a história de sua sofrida estatuazinha de gesso, renitente ao lacre verbal com que buscava encerrá-la num verso. E assim o *Itinerário de Pasárgada* é o caminho difícil da aproximação à poesia e a história da aprendizagem do ofício de poeta enquanto artista da palavra. Bandeira, que acreditava na importância da inspiração até para atravessar uma rua, não tinha, porém, nada de ingênuo.

O caso de Drummond, no entanto, é mais complicado. Sua concepção do poético exige a reflexão como mediação necessária para o encontro da poesia. Ora, essa modalidade de pensamento que é a reflexão tem uma origem romântica. Os pré-românticos alemães é que desenvolveram esse tipo de pensamento reflexivo, que nasce como uma fantasia do Eu sobre o Eu, como uma forma de pensar sobre o pensar. É um pensar sem fim que lembra o sonho, mediante o qual fundaram suas principais concepções.

O dobrar-se do Eu sobre si mesmo, tal como o leitor se depara na obra drummondiana, parece evocar, então, a meditação romântica centrada em si mesma, no próprio coração onde se acha o inalcançável da reflexão. A fórmula "O meu coração é maior que o mundo" exprime essa tendência do pensamento para o infinito e o que não se pode alcançar, a vastidão impreenchível do coração em que se perde o pensamento.

Na verdade, a reflexão se torna, para Drummond, a condição para chegar à poesia e, a uma só vez, a dificuldade que o impede de alcançá-la. Esse é o paradoxo central de que parte sua obra, a contradição que está na raiz de seu percurso poético e que ele vive dramaticamente desde o princípio e não apenas, como se poderia supor, no tempo da madureza e dos densos poemas meditativos, à maneira dos "Versos à boca da noite", um dos mais belos poemas que escreveu. Neste e em tantos outros, podemos sentir a presença viva da tradição da lírica meditativa do romantismo, que, nos países de língua inglesa, deu a linhagem que de Shelley, Keats e Swinburne vem até Yeats e alguns dos modernos, como o norte-americano Wallace Stevens.

Em Drummond sentimos a força do pensamento como em nenhum outro poeta nosso; e, desde o começo, ele experimenta dramaticamente as contradições que enfrenta: seu lirismo nunca é puro, mas, sem prejuízo de sua alta qualidade, sempre mesclado de drama e pensamento. Alguns dos melhores críticos do poeta, como Antonio Candido, autor do notável ensaio "Inquietudes na poesia de Drummond", acham que a obra inicial, marcada pelo humor modernista, em linguagem anticonvencional e irreverente, se organiza em torno do fato. No meu modo de entender, porém, nunca se trata propriamente do fato direto, mas do fato envolvido pela reflexão; há sempre mediação do pensamento, e o fato surge interiorizado: é a repercussão do mundo na interioridade do Eu, no movimento característico da reflexão, do pensar sobre o pensar, mesmo nos poemas-piada.

Esse pensar sobre o pensar não tende apenas a criar uma infinitude da progressão no tempo; ele é também um infinito da conexão. Benjamin, que estudou detidamente a reflexão dos românticos em suas relações com o pensamento de Fichte, chamou a atenção para esse aspecto da questão, tal como aparece em Novalis, para quem pensar é conectar infinitamente... O chiste, o *Witz* dos pré-românticos alemães, é uma forma de conexão, de articulação de elementos díspares ou contraditórios. E a essa tradição pode ser conectado também o poema-piada modernista de Drummond.

No caso de nosso poeta, trata-se do diálogo com a herança romântica baseado numa atitude profundamente antirromântica. Drummond é o primeiro a desconfiar de qualquer sentimento; é o primeiro a criticar e ironizar todo sentimentalismo, no sentido vulgar e lacrimoso do termo. Em "Sentimental", famoso poemeto de *Alguma poesia* — trata-se da anedota do namorado que tenta escrever o nome da amada com letras de macarrão e é impedido pela voz da família mineira: "— Está sonhando? Olhe que a sopa esfria!" —, nota-se como os fatos se articulam com a reflexão nas complicadas dobras em que se envolve o sentimento na busca de expressão. O poema objetiva na cena figurada pelo Eu a situação exemplar de um idílio constrangido que serve, por sua vez, de mediação reflexiva para a dificuldade de exprimir o próprio sentimento, a confissão amorosa pura e simples. Vê-se como o poeta se perdeu da naturalidade, e a busca do natural deve ser mediada pela reflexão. Os fatos servem ao pensamento e só por meio deste se exprime o sentimento, transformado em sentimento refletido.

O "poema-piada", designação ao que parece criada por Sérgio Milliet, facilita a compreensão do sentido humorístico reinante entre os modernistas, mas é muito diferente em cada um dos poetas, como se observa em Oswald de Andrade, Manuel Bandeira ou Murilo Mendes. Nas mãos de Drummond está realmente perto do espírito do chiste pelo casamento de comicidade com seriedade, de graça acintosa com severa gravidade, envolvendo a ambiguidade de tom própria da conexão dos elementos opostos. Raramente se observa a redução de seus poemetos do início ao mero anedótico: a articulação de elementos divergentes ou contrastantes conduz à ressonância dos fatos na alma, sem se esgotar na pura piada. Assim, por exemplo, num poema mínimo como "Cota zero" ("*Stop.*/ A vida parou/ ou foi o automóvel?"), a atitude de avaliação implicada no título e o tom interrogativo com que ela se desenvolve, no qual contrastam perspectivas diversas sobre coisas muito diferentes, põem em movimento reflexivo os ritmos opostos da província e da cidade grande, da existência arrastada e da máquina, do atraso e do moderno, mas também da cota de vida e de morte que um ícone da vida moderna como o automóvel introduz na avaliação da própria existência. Mínimo, mas complexo.

O chiste drummondiano é uma espécie de engenho poético associativo, que dá lugar à ironia porque permite uma avaliação refletida das coisas discrepantes que nele se juntam e se chocam, como num relâmpago iluminador. Embora o termo *chiste* não seja o ideal — ele não recobre exatamente o campo semântico do *Witz* alemão, ou do *wit* dos ingleses nem do *mot d'esprit* dos franceses —, parece melhor, no entanto, do que o poema-piada. Em Drummond, ele constitui também um meio de articulação, ou seja, uma forma de sintaxe, através da qual a reflexão conecta a multiplicidade na unidade. É o que se pode constatar pela leitura analítica do "Poema de sete faces", que abre seu universo lírico, sob o espírito do chiste.

Como vários dos grandes poemas de Drummond, esse já foi muito citado e se incorporou à experiência banal do leitor, de modo que perdeu muito do poder de surpresa. É preciso restituir-lhe a força originária, pela leitura renovada. W. H. Auden afirmou certa vez: "[...] every poem is rooted in imaginative awe". E, de fato, essa raiz que o poema tem na surpresa, sua capacidade de despertar nossa imaginação pelo assombro, é preciso escavá-la pela leitura, deixando-a à mostra. No caso do "Poema de sete faces", trata-se de resgatar até a sua dificuldade: a complexidade das múltiplas faces que nele se articulam, mas que começam por nos levar à perplexidade. A cada uma das sete estrofes, temos uma face nova e surpreendente, sem que se perceba de imediato a coerência do conjunto. Há uma lógica interna, no entanto, que é preciso desentranhar.

As sete estrofes são irregulares, assim como os versos, mas a irregularidade não é a do verso livre modernista, em que o poeta escapa aleatoriamente da contagem das sílabas, mas quase sempre para ajustá-lo, com base na entonação e nas pausas sintáticas, ao movimento do sentido, adequando o corte da linha à sentença. Aqui a discrepância não é muita e parece guardar ainda um senso da medida, com variações pequenas em torno das sete sílabas da redondilha maior. Irregulares, sem ser polimétricos ou completamente livres, mascaram a desordem, acompanhando as variações do assunto. Os mais discrepantes chamam a atenção, como este: "Para que tanta perna, meu Deus, pergunta meu coração". Parece a combinação de um de nove sílabas com outro de sete, e nele se introduz o motivo fundamental do coração, ponto recorrente da interrogação reflexiva de onde se podem compreender as variações múltiplas e aparentemente aleatórias do assunto.

Basta parafrasear um pouco para se ter uma ideia da descontinuidade ostensiva da matéria, mas o princípio é a retomada de um lugar-comum da tradição. Com efeito, na primeira estrofe, temos a cena do nascimento maldito do poeta, um tópico rodeado de ecos bíblicos e modernos, até o célebre: "Vai, Carlos, ser *gauche* na vida", uma visão paródica, rebaixada e irônica dessa verdadeira expulsão do paraíso. O termo *gauche*, galicismo corrente ao tempo do modernismo, evoca a visão baudelairiana do poeta, no famoso "L'albatros": "Ce voyageur ailé, comme il est gauche et veule!". A figura desajeitada e fraca — uma estrofe inteira desenvolverá aqui o motivo da fraqueza e do abandono de Deus — resultante desse destronamento paródico ressurge submetida à errância do desterro transcendental.

Ocorre, pois, uma inversão realista de expectativas romanescas ou sublimes em torno da figura do poeta, enquanto ser bafejado pela inspiração divina, obrigado agora ao destino errante e dessacralizado na cidade moderna. Na segunda e na terceira estrofes se monta um cenário de cinema mudo, como numa comédia de Mack Sennett ou Carlitos, onde reinam os desejos frenéticos e desencontrados, às voltas com a ideia fixa das pernas. O motivo erótico rege a desordem urbana, tornando impossível toda harmonia: "A tarde talvez fosse azul,/ não houvesse tantos desejos". A intromissão de uma frase de elegância culta em meio à estripulia enumerativa das pernas demonstra como a mistura de níveis de estilo se tornou essencial à visão modernista de Drummond, certamente muito chocada pela novidade da cidade grande em contraste e confronto com as expectativas que deveria trazer seu olhar da província. Compacta nessa passagem, estará de fato contida toda a história de uma experiência pessoal e histórica, em seu trânsito de Itabira do Mato Dentro para Belo Horizonte e, depois, o Rio de Janeiro: a mudança da província para a cidade grande, que longe de ser a Paris de Baudelaire é apenas a metrópole brasileira em que o bonde tem ainda cara de novidade. Mas a mudança é grande para quem sai do interior e vem para a cidade desconhecida, pois para quem cumpre o percurso, o mundo é vasto e complexo. O tratamento realista e um tanto grotesco se ajusta a essa mistura discrepante da matéria, marcada pela fixação sexual, correspondendo concretamente a uma expansão da visão do mundo, de repente mudada pela chegada dos tempos modernos.

O que aqui se dá é a abertura ao sentimento do mundo que se expandiu após a Primeira Guerra Mundial. É essa a experiência histórica básica que a poesia inaugural de Drummond traz consigo como uma descoberta pessoal, como algo intensa e dramaticamente experimentado até as camadas profundas de sua subjetividade, tocada pelas mudanças do mundo vivido. A poesia dessa descoberta, a princípio grotescamente materialista, parece aumentar aos olhos de hoje, recoberta por uma pátina de pureza lírica então inesperada, como o próprio poeta soube captar mais tarde, recordando os filmes de Carlitos que viu mocinho, no "Canto ao homem do povo Charlie Chaplin".

O motivo das pernas contrasta com o tema meditativo do coração, introduzido pelo verso longo da terceira estrofe. Esse coração interrogativo pergunta pelo que não tem resposta. O homem sério que de repente aparece em meio à bagunça dos desejos lembra a cara parada de outro cômico, Buster Keaton. Atrás de tudo, na defensiva, ele é uma espécie de *raisonneur* da comédia clássica, personagem que se interroga sobre o sentido das coisas e faz as vezes do autor, constituindo um notável contraponto à desabalada corrida atrás das pernas. Ele corresponde ao coração interrogativo, como uma outra face do Eu; por meio dele, percebe-se como o poema vai se armando como a imagem projetiva do sujeito, como a cena urbana em que pululam os desejos em desacordo é, como em "Sentimental", um meio para a reflexão do Eu sobre o seu próprio sentimento de estar no mundo. O "Poema de sete faces" encarna o drama da expressão desse sentimento, cujo centro, o coração, fornece o caminho da reflexão e o princípio de coerência estrutural: por essa via, as múltiplas faces se articulam na unidade.

As duas estrofes que restam, tão famosas, recolocam o motivo do coração, centro irradiador do poema. Para nossa surpresa, agora vemos que o coração não é apenas o lugar da interrogação meditativa em contraste com a errância exterior do desejo, mas também o lugar da vastidão, do desejo ilimitado. Chegamos ao ponto do ensimesmamento e da descoberta de uma vastidão interior maior que a exterior. Este último aspecto se torna perceptível pela medida do coração quando relacionado com o "vasto mundo: mais vasto é meu coração".

Esse sentimento da vastidão tem sido lido pela crítica como um sentimento egotista de onipotência do sujeito, arrebatado por uma ilusão juvenil de poder diante do mundo. Nesse sentido, creio, foi lido por Antônio Candido, no referido ensaio, em que formula as diversas equações entre o coração e o mundo ao longo da trajetória do poeta. Contudo, a coerência quanto à posição do sujeito, tal como apresentada desde o início do poema — o ser rebaixado, desajeitado e fraco que é o poeta, abandonado em seu exílio terreno —, exige, ao contrário, que se considere a vastidão — lugar da falta que ama — a imagem do sentimento de não poder do Eu, da impotência que é a base de sua visão irônica. O coração é o lugar do desejo impreenchível, do ilimitado, de que a vastidão é um símbolo.

O lugar da unidade, o coração, é também o lugar da multiplicidade, da máxima dispersão, o lugar onde, refletido, o sentimento de estar no mundo é também sentimento de não poder. Por isso, também é aí que se aguça o senso de insuficiência da linguagem na qual não se encontra a consonância adequada à expressão desse ilimitado que não se pode dizer: aquilo a que falta nome. Essa insuficiência é ironizada na referência à rima; ao explicitar um procedimento construtivo como esse, o poeta dá curso ao tratamento cômico, de paródia e farsa, que adota em passagens anteriores, buscando por meio do chiste a conexão da matéria discordante. Sabemos que a rima, para que seja eficaz, deve configurar não apenas uma harmonia entre sons de palavras correlatas, mas corresponder àquela unidade entre som e sentido, cuja aliança secreta faz a força da linguagem da poesia, como notou Valéry. No caso, o que se explicita é a inadequação do procedimento, a desarmonia profunda que a rima não pode vencer, pois que será sempre aleatória e gratuita diante do que deveria exprimir, mas não pode.

A insuficiência da linguagem, a luta por vezes vã com as palavras se formula como um problema já nesse início da poesia de Drummond. A poesia, para esse poeta "sentimental", torna-se o produto de um esforço, de um trabalho difícil, mediado pela reflexão.

Essa impossibilidade de exprimir o que é necessário é dramatizada, no extremo, na última estrofe, e de novo ironicamente, como a cena de um idílio constrangido, análogo ao de "Sentimental". Essa confidência difícil, tratada num quadro de conversa de botequim, mostra de uma vez por todas que o desajeitamento, a *gaucherie* do poeta, é a expressão condizente da naturalidade impossível: a natureza que se busca, porque já não se tem, é também um problema para a linguagem. O fazer dificultoso ou problemático é uma exigência do que se procura exprimir. Desde o começo, portanto, dizer o que vai no coração é um caminho aporético, no qual se enfrenta o risco da não passagem, o infinito que desafia o dizer ensimesmado do poeta, debruçado sobre o próprio coração.

Visto assim, o "Poema de sete faces", mediante o chiste, linguagem de articulação, dá forma unitária às discórdias do coração, que é preciso de algum modo exprimir: as faces tumultuadas que pululam no mundo mas se organizam como sentimento refletido na forma do poema. No princípio, o chiste é já meditação, e sua forma reflexiva prepara os grandes e longos poemas que virão depois e nos darão, por fim, o perfil fino e preciso de um Drummond meditativo.

2. João Cabral: o trabalho de arte*

1.

A oposição que afastou a ideia inspirada de poesia de Manuel Bandeira da visão de Carlos Drummond de Andrade, para quem o poema foi sempre fruto de uma dificultosa elaboração, teve em João Cabral de Melo Neto uma continuidade notável. Numa conferência feita em São Paulo, em 1952, sobre "Poesia e composição", que é seu mais importante texto de crítica fora de sua própria obra poética e do ensaio sobre a pintura de Miró, ele opõe o trabalho de arte à inspiração, embora reconheça o entendimento possível, em determinadas épocas, entre essas duas maneiras de fazer poesia.

Em mais de uma ocasião, Cabral confessou ter descoberto a possibilidade de escrever poemas e abandonar a laboriosa e vã carreira de crítico literário, quando leu "Não sei dançar", do primo Manuel Bandeira. Era um poema em versos livres, distante já de qualquer constrangimento de medidas da tradição, voltado para o

*Publicado em *O Estado de S. Paulo*, 26 set. 2007, Caderno 2, p. 9.

sopro de liberdade moderna, que reverberava em *Libertinagem*, o grande livro bandeiriano de 1930.

Mas a verdade é que, diferentemente de Bandeira, a "composição" era para ele menos o ato de "aprisionar a poesia no poema", cujo momento propício o poeta inspirado devia aguardar, que "elaborar a poesia em poema". Nessa direção, o poético só podia se mostrar como resultado de um esforço consciente de construção, afastando-se das tentações surrealistas de inspiração onírica de seu primeiro livro, *Pedra do sono*, de 1942. Um pouco mais tarde, em momentos de proximidade do silêncio e da esterilidade, como na "Fábula de Anfion" — severa travessia do deserto dos sentimentos e da inspiração —, sua atitude ascética se mostraria distinta também da concepção aporética que sempre regeu a procura da poesia de Drummond, fundada na reflexão, desde o começo de sua obra.

Nessa continuidade histórica entre os modos de conceber a poesia para esses três grandes poetas, o ponto relevante é, afinal de contas, a essência da concepção do trabalho poético. João Cabral não teve dúvidas de batizar o seu com a exata expressão de *trabalho de arte*, contrapondo a atenção vigilante e a lucidez do fazer que o caracterizam à espontaneidade instintiva. De sua perspectiva, é através da funcionalidade precisa desse trabalho que o poeta, valendo-se de todos os recursos de que a inteligência ou a técnica pode servir-se, intensifica a emoção.

Essa noção foi decisiva para o rumo que tomou sua obra, aproximando-a por vezes, com muita intimidade e fértil aproveitamento, da engenharia, da arquitetura e da pintura, como se pode ver no caso de Le Corbusier e no de Miró, cujas ideias e modo de ser o auxiliaram a definir sua concepção de fazer artístico. Na verdade, ela tem raízes materiais, segundo penso, na noção mais ampla de trabalho, como o gesto, que ao dar corpo ao desejo funda toda construção humana e lastreia nossa experiência histórica.

Nesse sentido, creio que remonta até, especificamente, ao trabalho dos cabras do eito nos canaviais, que o poeta aprendeu a admirar menino, junto com os romances de cordel, primeira descoberta da poesia, nos engenhos da família em Pernambuco: Poço do Aleixo, Pacoval, Dois Irmãos. O papel dessas raízes na constituição de sua poética não está de todo esclarecido.

Embora evitasse a poesia da memória, foi daí decerto que o poeta extraiu a seiva social que, embora não pareça à primeira vista, alimenta seus versos, sua atitude ética e a peculiar dicção que desenvolveu para exprimir-se para além de toda preocupação em comunicar. E isso definiu o rumo de seu percurso poético, para o qual mais tarde seria tão importante o encontro com a Espanha e suas tradições, que de algum modo reitera a experiência pernambucana de sua formação e os valores fundamentais que escolheu com extrema lucidez desde cedo. De fato, aproxima-se com paixão da paisagem física e cultural espanhola, onde reencontra reforçados aqueles valores na "mão certa" dos toureiros que sabe "como domar a explosão", no talhe justo de Sevilha, na "arte de superfície" de Miró, no canto "*a palo seco*", na ametria dos versos medievais e nas rimas toantes dos romanceiros, entre tantas outras coisas.

Na fantasia meio ficcional e alegórica da secura da inspiração a que se presta Anfion, o mito grego que já servira ao ideal classicizante de Valéry, mestre da busca da poesia "*en toute lucidité*", lhe impõe outro conceito fundamental da composição: a noção de limite, que, casada à do trabalho poético ou nele implicada, define sua atitude de estrita contenção de todo arroubo lírico e de esforço de condensação da linguagem.

Assim, João Cabral tendeu a materializar na linguagem, com obstinado rigor — expressão mágica no horizonte desencantado do poeta —, todo o esforço de composição através do trabalho, avesso à inspiração e ao fluxo lírico dos sentimentos, concentrado em dar consistência de pedra, com toda a sua concretude e arestas nítidas e precisas, à fluidez da vida subjetiva. Um dos resultados máximos dessa concentrada e desconcertante retórica para fins próprios é "Tecendo a manhã", que se acha em *A educação pela pedra* (1962-5).

2.

Composto de dezesseis versos, dispostos na sólida arquitetura de dois blocos de linhas pares (dez mais seis) como os demais textos do livro, este poema tão ostensivamente benfeito chama logo a atenção pela sonoridade gritante entretecida à sintaxe. E também pela clareza, que já não é apenas aquela do "engenheiro que sonha coisas claras", mas a que resulta da cerrada *articulação* interna e nasce de uma determinada ideia de forma levada ao extremo, estampando-se feito espelho do sol dos galos que tanto dá na vista. De imediato, portanto, é poesia que se dá a ver ou salta aos olhos.

Os versos variam entre oito e doze sílabas poéticas, mas não são propriamente versos regulares desses metros; tampouco discrepam muito no ritmo longo e encadeado que perseguem, dispensando com frequência as sinalefas e destacando os hiatos, como no verso espanhol medieval (em Gonzalo de Berceo, por exemplo).

O decisivo, porém, é como se segmentam, introduzindo uma inovação rítmica adequada à direção do sentido. Partem-se, com efeito, em fragmentos breves, realçados, como se nota pela pontuação abundante, sobretudo a partir do terceiro verso. É que assumem uma espécie de movimento de vaivém, pela reiteração paralelística de segmentos idênticos ou parecidos, acompanhando a sintaxe da frase, ao mesmo tempo truncada e imbricada em inesperados ajustes, de tal modo que sugerem o ir e vir de uma lançadeira tecendo, alinhavando os fios do tema entre todos os termos, casados entre si pelas repetições vocabulares, pelos sons semelhantes e pelos enlaces sintáticos. A aliança entre ritmo e sintaxe torna-se então um fator construtivo de primeira ordem.

As aliterações, levadas até a paranomásia como num jogo de palavras de trava-língua, funcionam também como elementos da sintaxe, estabelecendo através da sonoridade similar uma *solidariedade literal* entre os vocábulos e, assim, conformam progressivas sequências de similitudes verbais que vão encorpando a construção, pela integração das partes no todo. Poucas vezes se poderá observar o som posto a serviço da estruturação de forma tão provocadora e estridente: o próprio ruído chamando a atenção sobre o processo, destacado pelo aspecto cursivo do gerúndio desde o título. E somente uma poderosa imagem como a dos galos cantando em cadeia uníssona poderia sugerir como aqui a completa combinação plástica entre o som e o sentido no resultado final da composição.

Mediante esses procedimentos descritos, o conteúdo tende a se espelhar na expressão, que se torna então literalmente aquele *luzir sensível da ideia*, com que Hegel se referiu à forma significativa da obra de arte. A perfeição dos enlaces internos multiplica decerto as direções do sentido, uma vez que o trabalho de construção por si só encarna concretamente o tema de que se trata, exacerbando-o ao máximo. Assim como a metáfora do título torna concreta a manhã como um tecido, o tecido de palavras que se segue, na demonstração do título, ganha carnadura concreta pelo entrelaçamento dos termos, mimetizando o ato de tecer na forma do discurso poético, em que se entrelaçam muitos componentes como os muitos galos necessários para, com o sol, tecer a manhã.

A múltipla rede de relações entrelaçadas entre o tecer, o texto e a manhã, que se arma na complexidade interna da estrutura, confere por si mesma um expansivo raio de conotações às palavras e às próprias sílabas, ao atribuir latente força simbólica aos termos isolados e suas partículas e ao todo em que se junta tudo. E, uma vez tudo recolhido na totalidade, desta se desprende, com halo multiplicado de significação, a *luz balão*: únicos termos sem enlaces, dois substantivos apenas justapostos, pairando mais potentes pela própria soltura contrastante com que se soltam do corpo uno e travado do poema. E do máximo travamento entre as partes resulta, por fim, a máxima soltura.

Desde o título, a ideia de tecer se torna um motivo temático aliado ao modo de compor o poema e ao processo da natureza — a manhã fazendo-se enquanto se tece o texto, como se ela fosse resultado dele e da faina dos galos tecelões —, o que transforma o poema numa espécie de máquina de tecer, num tear de palavras, lembrando a *machine à émouvoir*, de Le Corbusier.

À medida que a máquina verbal avança na tecelagem, retorna, paradoxalmente, à origem, desfazendo a metáfora do texto enquanto tecido, entrelaçamento, contextura, ao mesmo tempo que vai, ao contrário, configurando concretamente a metáfora da tessitura da manhã. Nesse remontar à origem volta também à raiz do tecer enquanto trabalho manual do tecelão, ao artesanato puro e simples, e, por essa via, à base material do trabalho, como que desvelando seu próprio modo de ser quanto mais se aferra à sua atividade construtiva. Ao mesmo tempo que as palavras ganham então a materialidade do trabalho manual como objetos que participam concretamente da tecelagem, o poema como um todo vira a máquina de palavras para produzir um tecido que é também uma construção da manhã metáfora, erguida, desdobrada e refeita pela insólita arquitetura verbal.

A palavra *construção*, que se aplica tão bem ao poema, parece convir porque realmente se trata de algo que se faz e se ergue por meio de palavras como um trabalho de fabricação, em que o fazer poético readquire toda a força de origem do *poien* grego, no sentido de "coisas feitas de palavras", como diria João Cabral. A materialidade dessa ação que volta à origem é de enorme força simbólica, uma vez que se casa em profundidade com o tema, sobretudo com o que nele subjaz enquanto potencialidade de significado.

É que a construção toda se baseia, ao que parece, numa frase de origem popular e proverbial do tipo "Uma andorinha sozinha não faz o verão", de onde retira, para reafirmá-lo, o sentido coletivo do trabalho, desdobrado e concretizado na forma do texto. E assim se configura uma potencial alegoria da solidariedade humana, capaz de produzir, pela colaboração anônima de muitos, um resultado libertário, autônomo e emancipado da construção, a que parece aludir a expressão final, desvencilhada da articulação sintática do todo, *luz balão*: o fruto do trabalho coletivo se desprende dele, com vida própria.

Embora a leitura alegórica se desprenda com facilidade dessa construção tão articulada e demonstrativa, a verdade é que a imagem final justaposta — a luz que paira livre e ilimitadamente no ar — traz consigo muito maior carga significativa em sua admirável força plástica, como se na unidade da luz resultante da mais estreita articulação se salvasse a multiplicidade de seus componentes (assim como o canto repetido dos galos com seus fios de sol fundidos na luz plena da manhã). É como se ela se limitasse com o indevassável, que vem depois e se desprende dela, pairando sozinho no ar.

Ambíguo em seu limite ilimitado, o poema expõe então sua poética pelo grau de sua articulação interna, construída por um trabalho artístico que parece liberar o seu produto do criador, dando-lhe uma vida objetiva independente das circunstâncias de sua criação. Realiza, assim, um ideal do poema moderno de revelar pela articulação rigorosa de sua própria complexidade a regra de seu jogo, que se torna visível (ou ruidosa), mediante sua aplicação pelo trabalho de arte, que se defronta, no entanto, com seu limite.

Como disse Valéry, "o belo exige talvez a imitação servil do que é indefinível nas coisas". Cabral parece cumprir à risca, com seus versos recorrentes, essa forma de imitação, que tenta apreender o modo de ser da coisa imitada até o seu extremo, a margem silenciosa do indizível.

3. A luz de São Luís*

Uma das coisas mais bonitas e significativas da obra toda de Ferreira Gullar, cuja paixão de artista contagia mesmo quando nos fala da perda e da derrota, do desgaste do tempo e da morte, é a reconstrução do destino individual pelo enlace com o destino de muitos, num tempo histórico que tende a separar e aniquilar o indivíduo em sua solidão planetária.

Gullar é, antes de mais nada, um grande poeta — "o último grande poeta brasileiro", na expressão de um de seus pares, Vinicius de Moraes —, mas desde o início reconhece a condição histórica geral no dia a dia dos homens comuns e nas pequenas coisas, como na luz de São Luís do Maranhão, por onde começa seu itinerário, marcado pelas revelações da infância pobre numa cidade da periferia do mundo.

A elaboração artística dessa matéria biográfica se torna decisiva para que ele se situe diante do mundo contemporâneo. Desde

*Publicado originalmente nos Prêmios Príncipe Clauss 2002 e na *Gazeta Mercantil*, São Paulo, em 16 nov. 2007.

cedo, descobre que sua arte tem força se nascer do chão da experiência humana — a poesia, "luz do chão", é para ele linguagem viva que brota do concreto e do particular de onde ela pode alçar-se em canto, em voz individual, mas para incorporar outras vozes, mover-se sempre por um desejo de dar voz aos que não a têm, traduzindo de fato a solidão em multidão, conforme dirá em "Traduzir-se", um de seus mais notáveis poemas. O social lateja no mais íntimo de sua linguagem.

É fundamental considerar que o artista nele cresce organicamente em função desse fulcro central da experiência e tende a irradiar-se em formas e gêneros diferentes de atuação, como uma necessidade ao mesmo tempo íntima e geral de expansão expressiva. Em cada momento de sua carreira encarna *radicalmente* esse desejo de expressão, embora tenha assimilado em profundidade as tendências construtivistas da arte moderna, levando às últimas consequências seu trabalho com a linguagem, por vezes atingindo o limite da destruição da sintaxe e da desarticulação da palavra, como se vê em *A luta corporal*, marco histórico na poesia contemporânea brasileira posterior ao modernismo.

Mas logo retorna, refeito, remoçado, tentando outra vez o lance. Sua teoria do não objeto, seus experimentos concretistas e neoconcretistas e, paradoxalmente, pelo jorro expressivo, o *Poema sujo*, tudo corresponde ao mesmo foco candente de quem buscou em si, nas próprias contradições intensa e fundamente vividas, as soluções controvertidas da expressão pessoal.

Por outro lado, sua atuação no espaço do grande público e da cultura de massa não se afasta dessa fonte e, por isso, mantém a qualidade, como demonstram seus trabalhos para o teatro, em colaboração com Oduvaldo Viana Filho e Dias Gomes, ou para o cinema, com Antônio Carlos Fontoura, e mesmo seus roteiros para a televisão, que se nutrem de um saber e de um domínio da linguagem para os quais a atitude do homem comum, exposto em todas as suas fragilidades, em meio às dificuldades da vida, continua sendo o centro da mesma visão dramática e apaixonada.

Desse modo, em tudo o que fez, como poeta, ensaísta, crítico de arte, dramaturgo, roteirista de tevê, memorialista, cronista, encarnando uma rara figura poliédrica no meio cultural brasileiro, percebe-se essa raiz poética que ele um dia deixou exposta no admirável depoimento *Uma luz do chão*. E dela depende ainda o selo de garantia de autenticidade e de qualidade que procurou conferir a tudo a que se dedicou com empenho e ardor.

Um meio de avaliar suas atividades no conjunto, de apreciar a força e a qualidade de sua trajetória intelectual e humana, no sentido mais amplo, é acompanhar o traçado de seus passos, como nos é apresentado em *Rabo de foguete*. Nessas memórias do exílio, escritas numa forma de narrativa próxima do romance, pode-se observar o processo de constituição de sua experiência pessoal, formada em meio às circunstâncias políticas da história recente da América Latina, como uma dura aprendizagem de nosso verdadeiro destino latino-americano, de que sua trajetória pessoal pode ser vista como um símbolo.

Obrigado a abandonar o país, no início da década de 1970, durante a ditadura militar, Gullar se viu forçado a uma longa peregrinação no exterior, passando por diversos países vizinhos e sucessivos golpes de Estado, até a volta ao Brasil, em 1977, quando é preso e torturado. O relato desses anos de falta de liberdade, terror e tristeza é muito mais que um documento autobiográfico e histórico, pois nos dá, pela forma artística, a verdadeira dimensão humana de um destino individual no contexto histórico global de nosso tempo. Num dos momentos mais fortes da narrativa, conta-nos como nasceu em Buenos Aires, no instante do maior desespero e da maior excitação criadora, o *Poema sujo*, no qual as questões da identidade, da linguagem e do tempo se enlaçam numa coerência profunda, espécie de síntese de seu tumulto interior e da condição de sua existência.

É então que o poeta desgarrado e erradio, abandonado à própria sorte num mundo hostil, reencontra as imagens caras da infância, os cheiros, as cores, as ruas, os quintais, a luz de São Luís: a cidade imaginária, fruto do desejo e do trabalho, que o homem carrega intacta na memória perante a catástrofe, e num lampejo, num universo em que tudo é exílio, a poesia é de novo viva presença humana.

Assim, no movimento expressivo entre a intimidade mais particular e o infinito do universo em que o ser humano vive a consciência dramática de sua própria fragilidade, funda-se a razão da grandeza da obra toda de Gullar.

4. O silêncio e muitas vozes*

Desde o princípio, por tudo o que já fez, Ferreira Gullar sempre nos deixou esperando a grande poesia. E ela veio de novo calmamente, depois de um silêncio profundo, como um tumulto; chegou agora com *Muitas vozes*. Havia muito não se juntavam, na poesia brasileira, tantas coisas belas numa safra só.

Foi preciso muita coisa passar: o exílio, depois a morte rondar perto, familiar e sem ênfase; os mortos restarem no abandono do chão impenetrável; o silêncio crescer dos ausentes ao cosmos, até a estridência. E ainda assim de tudo ficar um pouco — o galo saiu de entre as plantas em novo anúncio; Cláudia Ahimsa virou musa do planeta Terra; o bem-te-vi cantou de volta em São Luís —, para só então a poesia mostrar-se como "não coisa", como voz, "essa voz que somos nós", que não alcança o ser da coisa, que quer ser coisa na linguagem do poema, e é apenas som.

Mas som com sentido: testemunho de nossa precária condi-

*Publicado no *Jornal de resenhas*, Discurso Editorial/USP/Unesp/*Folha de S.Paulo*, nº 51, 12 jun. 1999.

ção perante os astros e a única eternidade que de fato conhecemos, a do instante de vida: a polpa, o gosto vivo da fruta, o momento do sexo, tudo na íntegra irrecuperável na palavra. Gullar ouve as vibrações do mito, mas tem os pés no chão e a escuta dos homens. Recolhe a poesia das vozes entrelaçadas à sua, com toda a simplicidade. A grande poesia pode estar ao rés da fala e ao alcance dos ouvidos.

No oco da voz (do poema) se forma o sentido que o poeta atribui às coisas que não o têm e cujo ser resta impenetrável para ele como o morto na cova. A força do concreto vem, no entanto, do instante de vida que fica na memória e toma forma poética na linguagem: a voz que não quer se apagar, que repete outras vozes mortas e refaz com palavras o gosto de alegria da hortelã, ou o "que, intangível, adeja/ acima/ do que a morte beija".

A complexidade da síntese poética que se acha nesse livro, em que os temas da identidade, do tempo e da linguagem se defrontam com o silêncio e a morte, é o resultado formal de uma longa e densa experiência. É importante observar que o processo de constituição dessa experiência foi exposto, em boa parte, no relato notável de suas memórias do exílio, *Rabo de foguete.* Nele o drama vivido pelo poeta à mercê das circunstâncias políticas da história recente da América Latina se converte, mediante uma narrativa próxima do romance, num processo de escavação da subjetividade atravessada pela experiência histórica. A poesia — o *Poema sujo* — surge então, em meio ao sofrimento, como o último reduto da identidade pessoal diante das catástrofes do mundo contemporâneo.

Mas nesse embate é a morte que já ronda na pegada dos desastres, exigindo um outro sentimento do tempo e um novo aprendizado. Como é próprio de seu modo de ser, a forma do romance se desdobra no processo de aprendizagem, quando faltam regras de como proceder e justamente essa insuficiência se torna fato no enredo. *Rabo de foguete* coloca essa questão desde o começo, ao relatar os rumos da existência errante depois que a vida virou de cabeça para baixo. A poesia vem agora resgatar em fortes e vívidas imagens os guardados da memória.

Sob muitos aspectos, a matéria deste livro é a mesma, configurada, porém, em ritmo de verso, com outra concentração e intensidade. Não mais sob o hausto longo da narração, mesmo se na cadência entrecortada pelos capítulos curtos das memórias, mas, sim, condensada no instantâneo lírico, que recorta do fundo histórico e pessoal da experiência seres que foram parte de uma vida e personagens de um romance e agora são também motivos poéticos. Na verdade, figuras de uma dança da morte, que o poeta traz de novo à nossa presença, não pela mão, como no tópico medieval da dança macabra, mas pela voz, como vozes enlaçadas à sua, a voz que dá forma aos poemas, à qual se soma por vezes a voz de outros poetas: Gonçalves Dias, Bandeira, Drummond, Cabral, Rilke. Comoventes poemas breves em que se tece na forma quebrada do ritmo o diálogo interrompido com os mortos: "Thereza", "Visita", "Internação", "Meu pai", "Evocação de silêncios", "O Morto e o vivo". Complexos e límpidos poemas meditativos, de autorreflexão, de reconhecimento das mudanças e dos limites de si mesmo e da voz poética: "Nasce o poeta", "Adormecer", "Tato", "Reflexão", "Aprendizado", "Lição de um gato siamês", "Não-coisa", "Isto e Aquilo". Extraordinários poemas longos de pressentimento e antecipação da morte: "Nova concepção da morte", "Morrer no Rio de Janeiro". E ainda muito mais, belos poemas eróticos e de exaltação da vida e seus instantes fugazes: "Definição da moça", "Sortilégio", "Coito", "Improviso matinal", "Pergunta e resposta".

A atitude do homem comum, sem lugar entre a pretensão e a humildade, exposto com todas as suas fragilidades, exatamente como nas memórias, está de novo presente aqui. Com efeito, é um homem frágil quem está atrás da voz que nos fala, sozinho como o caniço pensante de Pascal em face do infinito silêncio do cosmo. O poeta que reconhece "que a poesia/ é saber falhar". Ou aquele que ao sentir-se a si mesmo pelo tato, diante da "certeza invencível da morte", também se dá conta da realidade palpável de sua presença no mundo. É na solidão cósmica, isolado dos mortos queridos, onde o poema é apenas um "inaudível ruído" em meio à vastidão indiferente do universo, que o poeta se reconhece no pequeno sinal de vida, capaz no entanto de iluminar aos nossos olhos não só a morte, mas também o amor e o gosto da vida.

A lírica se exprime aqui nos ocos de uma história vivida e lembrada, talhada no corte breve e emocionante do poema, supondo, porém, o processo oculto de um aprendizado diante do que arrasta a tudo e a todos junto com o próprio poeta e que está além de toda experiência possível: a morte que o tempo traz implacavelmente e o poeta experiente espera sem ênfase, "mera noção que existe/ só enquanto existo", o fim que está fora de seu alcance.

Depois de doze anos de silêncio, oculta como a natureza, a poesia volta ao sol do Rio, à luz de São Luís. Não se podia pedir mais a Gullar.

5. A poesia de Roberto Piva

O MUNDO DELIRANTE*

a poesia vê melhor
eis o espírito do fogo
Ciclones

Desde que apareceu, editada por Massao Ohno em 1963, a poesia de Roberto Piva bateu como um ciclone para desarrumar a paisagem paulistana e instaurar seu *mundo delirante*. *Paranoia* revelava um poeta com cara de menino, mas que vinha armado com o *poema porrada* para demolir a cidade e viver o sonho de outra coisa: Nínive será destruída, era o seu vaticínio.

Nesse tempo, não era comum que um poeta se expusesse tan-

*Publicado em Roberto Piva. *Obras reunidas. Estranhos sinais de Saturno*. São Paulo: Globo, 2008, vol. 3.

to pessoalmente e, para os padrões da norma poética hegemônica, com seu radicalismo formal — eram os anos do concretismo —, o alarido podia soar como bravata de maluco.

A sequência da obra não desmereceu o turbilhão inicial: acentuou o tom de provocação; a irreverência desbordou, para exprimir, de boca cheia, o desejo de transgressão; a atitude do iconoclasta passou a imperar, não querendo deixar pedra sobre pedra. Na prática, o discurso poético, em versos livres de cortes bruscos e direções imprevistas, mostrou-se ainda mais cambiante, conforme as enumerações variáveis da matéria heterogênea e a mobilidade fugidia dos estados de espírito. Por outro lado, expandiram-se as imagens com força alucinada, para condensar em unidade insólita, soldada pela analogia, a multiplicidade caótica da visão do universo.

Desde o princípio, o poeta preferiu o caos ao lugar da ordem. Fiel somente ao próprio desejo, saiu em busca das figurações do sonho, assumindo o papel de *enfant terrible*, ser intratável, contra todos e tudo. O anjo rebelde, sexuado e sem papas na língua, siderado por meninos de carne e osso, fez-se então a figura emblemática para anunciar o desconcerto do mundo segundo Piva. E, pelo mesmo gesto, também se tornou personagem de si mesmo; tinha o umbigo cravado em Santa Cecília e destoava da música dominante na poesia brasileira: era o mais novo dos malditos.

O individualismo anárquico, sua marca de fábrica, se alça desde então contra as construções do industrialismo e da modernização conservadora, cuja face predatória vê encarnada na Babilônia capitalista que é São Paulo, desafiada por seu "robô pederasta" e pelo erotismo desbragado de seus adolescentes de sono quente. A cidade monstruosa, desencontrada de si mesma, surge no espelho dos versos com sua mistura de progresso e atraso, a coleção completa de mazelas, mas também com o seu secreto encanto: a poesia esquiva de suas praças e ruas — feias, sujas, descuidadas, de repente bonitas —, e vem refletida em imagens passionais de amor e ódio que caracterizam a relação do poeta com seu espaço. Em meio aos flashes da cidade, os recortes de amor trazem o poeta para a alcova ou a sauna, onde o erotismo rola à solta, numa atmosfera lasciva de inferno com ares dantescos, ou na caçada dos amores furtivos pelas ruas como no *Satíricon* de Petrônio.

Nessas imagens, há ainda ressonâncias da *Pauliceia desvairada*; a figura de Mário de Andrade, várias vezes evocada, é o companheiro de andanças erradias pelas avenidas noite adentro.

São, entretanto, variadas as marcas da herança modernista: Murilo Mendes e Jorge de Lima têm presença igualmente fortíssima. Além disso, há a assimilação de muitas outras leituras: de Rimbaud e Lautréamont, de Reverdy e dos poetas do *Esprit nouveau*, de Georg Trakl e Gottfried Benn, mas, sobretudo, do surrealismo e da geração *beat* norte-americana, sem falar, é claro, da poesia italiana contemporânea e de Dante, que, além de inspirá-lo por momentos na transfiguração do mundo, lhe fornece uma espécie de mitologia pessoal da discórdia. É que gosta de comparar um antepassado, que lutou nas Cruzadas e foi queimado por heresia em praça pública, com o avô Cacciaguida da *Commedia*.

Piva encontrou, porém, uma fórmula nova e original para exprimir a experiência de seu tempo, fazendo das múltiplas citações matéria própria.

Poeta culto e inquieto, ele mobiliza o que lê, o que ouve ou vê — são também recorrentes as referências ao jazz, a compositores eruditos, a grandes pintores —, com a mesma fúria com que investe contra seus fantasmas. A salada não é pequena, mas há um ponto de vista seletivo, e o molho comum tem ponta picante.

O fato é que sempre soube resguardar uma atitude pessoal autêntica, de profunda e constante coerência, ao longo do tempo, e deu com uma forma específica do discurso poético, cuja novidade e complexidade é preciso tentar compreender.

A crítica brasileira (e não me ponho fora dela), já de si vasqueira, fez que não viu e voltou as costas para uma obra poética com quase meio século de produção incessante e grande contundência. É claro que a agressividade, a bandeira acintosa do homossexualismo, o desregramento dos sentidos — um traço rimbaudiano a que Piva dá vazão, por vezes com muito senso de humor — não estão aí para tornar ameno o convite à leitura e podem dificultar o reconhecimento crítico. Há uma parcialidade assumida e até reivindicada que pode desagradar a muita gente, assim como a direção geral do projeto de uma poesia experimental fundada na exigência de uma vida experimental. Ela parece pedir demais do leitor: tanto excesso pode levá-lo a pensar que o delírio do caos esteja instalado de preferência no próprio poeta, trancafiado com seus botões na cidade que escolheu para fazer exorbitar até a alucinação e, sem espanto, ficar vendo óvnis sentado na praça da República.

Em resumo: a atitude *enragée* faz o feitiço virar contra o feiticeiro e acaba afastando cautos e incautos. A poesia de Piva, porém, quando ele a alcança, está para além disso tudo. O verdadeiramente difícil não são os espinhos explícitos do radicalismo e da rebeldia, mas dizer o que é a novidade da mistura incandescente que ele inventou, sem reduzi-la ao sabido. E, mais ainda, mostrar seu poder de iluminação: como de vez em quando dá certo, dá com algo que só raras vezes a forma revela, conforme escreveu seu mestre Murilo Mendes. No conjunto e nas partes, compreender criticamente essa obra continua sendo um aberto desafio.

A vontade libertária de renegar a ordem dada e de suscitar pela desordem as imagens de um mundo diferente, aberto por brechas para o livre curso do desejo, mostra que na poesia de Piva, desde o começo, a lírica vem misturada à épica. Poeta andarilho, ele carrega, feito o romancista, seu espelho pelas ruas da cidade, para contar o percurso como uma experiência imediata do presente. Mas não é apenas o conteúdo de uma consciência no presente intemporal ou "eterno" da lírica; é também a narração de um encontro com o mundo ao redor, que se processa e se distende no tempo e traz pulsante a memória histórica da cidade.

Os instantâneos líricos de fato se expandem em ondas narrativas em torno do eu-personagem e de seu meio, além de serem poesia de alcova e de exaltação do amor físico. E, por isso, busca ritmos de fôlego amplo, mesmo com os riscos do excesso e da verborragia.

Seu modo de expressão é uma espécie de epos desbordante, pontuado de iluminações líricas, que vai além do verso livre modernista ou do versículo à maneira de Rimbaud ou de Whitman, embora descenda em parte desta última linhagem. É um discurso próximo da oralidade, como se estivesse voltado para a recitação diante de um auditório, à maneira de Allen Ginsberg, mas com uma mistura à moda da casa que o singulariza e uma tensão constante que parece exigir a chama sempre viva do vate inspirado.

Resíduo do tempo forte da inspiração, o poema corre o risco do informe ao preferir a autenticidade da expressão de uma experiência emocional intensa ao trabalho de arte. Embora episódico, o discurso toma a forma de um magma ou fluxo verbal contínuo, derivado da fala, para o qual um ritmo de repetições e associações se torna fundamental, combinando os materiais mais diversos em liga estreita e explosiva.

Ao contrário da lição de João Cabral e de seu toureiro que doma a explosão com mão precisa e pouca, dando "à vertigem, geometria", Piva sente a necessidade da explosão. Basta vê-lo soltar da jaula a onça que pinta às vezes em seus versos como animal totêmico. Em torno dela, o poeta reúne uma "revoada de revoltados" contra a destruição do planeta, enquanto for tempo, pois os tempos não são de solidariedade, e os galos já não tecem a manhã.

A fórmula a que chegou se mostra maleável e impressiva, coadunando-se perfeitamente bem à matéria que tem para cantar e contar. Piva é um *rapper* antes que o *rap* tivesse sido inventado.

Como nesse gênero de música, chama nossa atenção para uma difícil poesia que mora nos espaços pobres, no abandono da grande metrópole, onde parece residir apenas o horror do que não se quer ver. Mas são aspectos que, em contraponto, ajudam a compor a verdadeira fisionomia da cidade. Nesse sentido, ele dá voz ao refugo do que se quis, ao outro com que se convive no avesso da ordem dominante. Por isso, provoca aquela surpresa paradoxal que nos faz perceber valor humano mesmo no que parece completamente degradado, ao mesmo tempo que põe em xeque a ordem estabelecida.

Assim, a fala se faz um instrumento poderoso para exprimir as iluminações líricas e os percalços da experiência da rua; canaliza as sobras da metrópole trepidante e predatória, condenada à periferia do mundo globalizado. Antes que esta expressão fosse corrente, a multiplicidade caótica do universo já estava irmanada na visão delirante que ele tem da cidade.

Mas o que na cidade moderna está fora da alçada do dinheiro e da produção, o que ela própria recalca em zonas periféricas ou marginais, alijando-o de si para a barra pesada de si mesma, é isso o que ressurge com força em seus versos, feito carga obscura de coisas do inconsciente. É o lado sombrio do que todos nós também somos. E *isso* é o que é lançado num rio comum coalhado de dejetos: Tietê imaginário, Anhembi de tempo e esquecimento, aparentemente estagnado, sob o qual flui, no entanto, a corrente gordurosa dos detritos, o lixo rio abaixo, onde jaz a história segregada, refletida no espelho invertido da cidade.

Em grande parte, é a história do que se perde, do que vai pelo ralo do capitalismo, feito matéria imprestável e sem nome canalizada no canto. E eis que corre nos poemas um epos da entropia urbana, do que nela nos assombra e às vezes nos ilumina: visões dantescas e grotescas — o inferno que a própria cidade gera, consome e lança fora, enquanto passam as águas e as palavras.

Esse fluxo poético sem margem, que não teme o informe e a falta da medida, sob o impulso dionisíaco, e que retorna muitas vezes à inspiração de Nietzsche, alimenta-se da fonte originária da lírica que é o ditirambo, para exprimir tanto a alegria jubilosa quanto a mais funda tristeza. Voltado para as grandes emoções, buscando sofregamente o êxtase, deve manter o atrito das contradições nas imagens, em que se fundem palavras elevadas e baixas numa idêntica mistura, em contínuo transe, impelidas pelo ritmo a uma dança frenética de altas tensões. Dessa forma, tende ao sublime, vivendo um jogo perigoso à beira da destruição.

Mesmo falando de coisas rasteiras, do chão do cotidiano e dos amores mais prosaicos, Piva, por força do entusiasmo, no sentido primeiro de estar possuído pelo deus, tende à elevação do discurso, que não perde o aprumo por arrastar de cambulhada o mais baixo ou a mixórdia do dia a dia. A herança baudelairiana de suas paisagens urbanas está visível decerto nessa mistura estilística do abjeto com o elevado, mas ressurge mudada por seu poder de transformação dos materiais de empréstimo com que trabalha, sejam velhos ou novos, na sua fórmula pessoal.

É que Piva está de olho mágico no processo de modernização periférica, que marca sua cidade das entranhas até os detalhes mais imperceptíveis, acumulando temporalidades atrasadas e de ponta em camadas mescladas, sem que uma fisionomia definitiva se cristalize na face da mistura em permanente mudança. Em meio ao fluxo, ele flagra o detalhe particular aparentemente aleatório, mas que faz sentido, pois é parte de uma experiência histórica a que de algum modo seus versos dão forma ao glosar o ritmo profundo com que a cidade troca de pele.

Ele é o profeta andarilho que, com antenas poéticas, sai à caça do sagrado oculto no chão desencantado da metrópole moderna. Pode não dar com sagrado algum, mas na busca acompanha o movimento interior e as contradições da cidade com o ritmo receptivo de seus versos, os choques dissonantes de suas imagens, a energia erótica com que junta o disperso e solda os opostos. O modo como registra subjetivamente na sua própria história pessoal as marcas dessa contínua mudança seria por si só um documento importante.

Mas, na verdade, ele dispõe ainda da visão poética, feita de espírito do fogo, a mais proteica das criaturas, que é ainda o signo de sua resistência prometeica aos deuses baratos da economia. Por meio dela, é capaz de antecipar o vindouro e de ver o invisível, que se esconde, como assinalou Murilo, no visível.[1]

A poesia de Piva depende dessa força visionária da imagem, do assombro imaginativo com que ela é capaz de despertar o leitor, abrindo seus olhos para que diga ah!. É que ela confia no poder cognoscitivo dos estalos da imaginação, em sua faísca de surpresa e revelação, mesmo quando continuamos todos adormecidos, submersos sob a maré das mercadorias.

O legado raro de seus melhores momentos é o da lucidez do êxtase, signo da revolta que preferiu aos louros da academia.

1. Em *Poliedro*. Rio de Janeiro: José Olympio, 1972, p. 140.

O CAVALEIRO DO MUNDO DELIRANTE*

Ninguém ampara o cavaleiro
do mundo delirante.
Murilo Mendes[2]

1.

O que primeiro chama a atenção na poesia de Roberto Piva, desde a estreia explosiva de *Paranoia*, em 1963, é seu ímpeto para a provocação.

Com efeito, o poeta entregava ao delírio sistemático a condução do lirismo, fazendo de seu comportamento desregrado também o modo de ser de sua linguagem. Essa consonância entre a matéria e sua expressão ressalta desde que se começa a folhear as páginas da primeira edição do livro e se reflete admiravelmente nas fotos e no desenho geral de Wesley Duke Lee, que soube manter uma empatia profunda com o foco de seu trabalho, expandindo em fantásticos contrastes de luz e sombra, até a beira da abstração, a energia do impulso agressivo que recebia de seu interior. A fisionomia frenética de uma cidade estilhaçada em lascas luminosas contra manchas negras se impõe ao leitor junto com o jorro ininterrupto dos versos longos, obscuros e sem ponto final.

Como que tomado pela inspiração, Piva mergulha numa associação desconcertante de imagens visionárias em fluxo contínuo, aproximando-se de um ritmo oratório de prosa, cuja eloquên-

*Publicado em Roberto.Piva. *Paranoia*. São Paulo: IMS, 2009.

2. Epígrafe que Piva após ao "Poema de ninar para mim e Bruegel".

cia elevada serve, paradoxalmente, para dar vazão a um arsenal de virulências, muitas vezes da mais baixa extração. Antes dos movimentos libertários de 1968, prega o homossexualismo às bandeiras despregadas, com sua defesa da pederastia e a paixão explícita pelos adolescentes transformados de "anjos engraxates" em "anjos de Sodoma". Escancara o erotismo forte dos "amantes chupando-se como raízes"; faz o elogio da loucura, da alucinação e do êxtase, com base em drogas e narcóticos, em reiterada litania: "do chá com pervitin" ou de outras anfetaminas e dos cogumelos alucinógenos às "correrias da maconha" e "o fogo azul de gim". Desce ao baixo corporal, com sua "Apoteose de intestinos" e às expressões blasfemas como a da Virgem que "lava sua bunda imaculada na pia batismal". A mescla estilística do sublime com o baixo e até com o mais chulo dá o tom geral do livro, de que "os anjos de Rilke dando o cu nos mictórios" não nos deixam esquecer.

Tudo isso (e muito mais) podia soar naqueles anos e talvez soem até hoje ainda como uma forma de *épater le bourgeois*. O que era, até certo ponto, obedecendo à cota que toda criação individual costuma dever à tradição literária e cultural mais ampla, ainda quando possa parecer produto singular e exclusivo da imaginação mais desenfreada. A atitude de Piva, abertamente polêmica, buscava um choque moral e estético no público, provocado até à rejeição.

A provocação literária tinha já, certamente, uma longa história desde Baudelaire, cujas consequências para o destino da poesia moderna ninguém ignora. Os modelos baudelairianos do boêmio, do dândi e do *flâneur*, os ecos persistentes dos poemas em prosa de *Le spleen de Paris*, embora distantes, não estavam de todo esquecidos na década de 1960, cem anos depois, por força da tradição de ruptura que marcaria o século XX e a história das vanguardas. Da mesma forma, a experiência do choque no cotidiano da vida moderna que a metrópole francesa inaugurou como o novo ambiente com que teve de conviver o poeta lírico já se estendera havia muito até as metrópoles do capitalismo periférico. A São Paulo dos modernistas já se tornara nos anos 1920 importante matéria de literatura.

Mas o fato é que essas raízes da modernidade, reativadas pelas vanguardas, parecem continuar atuantes para Piva, antenado com o surrealismo e os *beats* norte-americanos, de que seus versos dependem em certa medida, como se vê, entre outras coisas, pela fidelidade ao desejo, pelo espontaneísmo, pela livre associação, pelo ritmo salmódico e panfletário, pelo convite aos paraísos da droga. Contudo, não bastam para explicá-lo.

Trata-se de fato de uma herança relevante a que ele vai acrescentar, no entanto, o decisivo. Ou seja: o que depende de sua experiência pessoal no contexto em que vive. É preciso considerar, antes de mais nada, sua vontade de transgressão, sua necessidade de entrega desatinada à inspiração momentânea, ao arbítrio dos sonhos, das alucinações, dos desejos, com seu ímpeto de caçador noturno e principalmente a especificidade de todo um *mundo delirante* que resulta disso em conluio e confronto com o mundo existente à sua volta. Essa relação particular e complexa com seu mundo, na qual a realidade do sujeito como que se reencontra fora, é o que o define e está latente em sua atitude de provocação, que é também de defensiva, como esturro de onça acuada.

Piva ataca e repele um mundo próximo que ele desesperadamente ama e rejeita, mas sobretudo experimenta até o fundo de suas contradições. Estas constituem a razão da sua desconjuntada realidade; estão no centro de sua experiência lírica e na raiz de seu delírio.

Não creio, por isso mesmo, que sejam as fontes remotas da modernidade ou da vanguarda do início ou do meio do século XX o que se deva considerar em primeiro lugar para entender melhor *Paranoia*, cuja obscuridade acintosa depende, antes de mais nada, desse tipo de provocação capaz de encobrir pela afronta sua procedência imediata. Seus versos claudicantes entre os ritmos da poesia e da prosa se enraízam em coisas brasileiras mais próximas e concretas do que as referências literárias mais gerais ali contidas, que superam pela riqueza e pela variedade a da maioria dos poetas da geração de seu autor, mas não devem desviar o foco da compreensão crítica.

2.

A poesia de Piva cresce aglutinando componentes heterogêneos e por vezes disparatados — "coisas copulando no caos" —, feito os refugos com que se constroem as favelas e nosso próprio inconsciente, assim como a cidade poderosa, precária e desvairada, que é, no entanto, o seu chão concreto: "Eu abro os braços para as cinzentas alamedas de São Paulo...".

A verdade é que um poeta andarilho se mostra, desde *Paranoia*, profundamente integrado à paisagem urbana de São Paulo: há um reconhecimento íntimo não só de suas "cinzentas alamedas", mas da "paisagem de morfina" da praça da República, da avenida São Luís em que "meu coração mastiga um trecho de minha vida", da rua das Palmeiras onde "as palavras cobrem com carícias negras os fios telefônicos", dos "gramados regulares do parque Ibirapuera", dos cantos escusos das "vielas malditas", nos quais de repente se encontram "os saltimbancos de Picasso".

Os movimentos de universalização do estilo, através das numerosas referências a nomes de artistas famosos de diversas artes — literatura, música, pintura —, procedem de toda parte e estão presentes sempre, cumprindo sua função, ao criar uma fantasmagoria cosmopolita a partir das notas específicas de nossa metrópole. Mas a matriz fundamental desse novo "notâmbulo alucinado", que muitas vezes evoca Augusto dos Anjos ("Um anjo da solidão pousa indeciso sobre meus ombros"), o estranhamento visionário de Cruz e Sousa (de que por certo dependem os "visionários da Beleza" de *Paranoia*) e a adolescência tresnoitada de Álvares de Azevedo, com sua máscara satânica, agora apenas uma estátua ("devorada com paciência pela paisagem de morfina"), é sua íntima relação com a cidade que tem sob os pés e percorre tão amiúde e em detalhe.

A cidade é a matéria de que se nutre a obra de Piva, mas ela se projeta também sobre sua linguagem, cujos alicerces e andaimes ficam de vez em quando à mostra, soltos no ar, como partes fragmentadas que não se juntam nem se completam, interrompendo-se no meio do caminho. Na verdade, a cidade lhe oferece muito mais: seus excessos, suas desmesuras e, principalmente, sua realidade contraditória básica, de que procede a determinação mais profunda, a verdadeira razão de ser da forma dessa poesia. Há uma organicidade que liga os poemas a seu espaço, o que garante sua eficácia para além de qualquer desmedida, pois funde a matéria numa forma significativa particular, forjando seu modo de ser em adequação com seu mundo.

Nesse corpo a corpo do Eu com o ambiente urbano, em que a agitação da mente aparece conjugada ao movimento das pernas em sucessivas caminhadas por todo canto — o verbo *caminhar* é o que delineia a atitude do Eu na maioria dos poemas de Piva —, o itinerário se faz sob o signo de Eros. O poeta é de fato um caçador noturno e o deus que tudo une solda também os espaços da errância do desejo ao longo das alamedas: a poesia vira uma forma de observação, descoberta e transfiguração imaginária da cidade, ela própria moldada como imagem projetiva do desejo.

Como sempre, porém, a poesia, ainda quando dependente do surto da inspiração ligada ao momento, não é necessariamente apenas a tradução direta da experiência imediata. A visão do poeta pode estar mediada pelas leituras em que se embebeu e que retornam à sua imaginação, essa memória transformada, ao mesmo tempo que se entrega a seus devaneios de passeante solitário pelos labirintos de ruas, avenidas e vielas. Não são apenas os ecos dantescos que parecem reboar nas exaltadas visões demoníacas de Piva. Ele tem sempre os olhos fixos no chão mais próximo da "Pauliceia desvairada".

É certo que pode variar de lição de casa segundo modernistas como Murilo Mendes ou Jorge de Lima, "o professor do Caos", mas é Mário de Andrade o companheiro mais afim e tutelar, diversas vezes lembrado em suas andanças através das ruas noturnas, desde as caminhadas de "Visão 1961" até as "marchas nômades" no parque do Ibirapuera, notável evocação do espírito errante do poeta da rua Lopes Chaves, cujo "fermento" continua ativo nesse novo noturno paulistano. E mesmo nos rumos da sexualidade parecem vibrar as exclamações irônicas do poeta da Pauliceia através do contínuo périplo amoroso de *Paranoia*, onde vêm ressoar os passos longínquos dos personagens de Petrônio e, mais chegados, os de Mário atormentado por seus desejos escusos e suas próprias alucinações: "Higienópolis!... As Babilônias dos meus desejos baixos...".

3.

Por esse vínculo explícito com Mário de Andrade se revela, na verdade, a herança mais profunda e importante de Piva: a da tradição romântica da meditação andarilha e da "poesia itinerante",[3] a que a cidade grande, desde Baudelaire, veio servir de

3. Expressão utilizada por Antonio Candido no importante ensaio sobre Mário de Andrade como "O poeta itinerante", em seu *O discurso e a cidade*. São Paulo: Livraria Duas Cidades, 1993 (3ª ed. São Paulo/Rio de Janeiro: Duas Cidades/ Ouro sobre Azul, 2004). Dali tirei também o "notâmbulo alucinado" em referência naquele estudo a Augusto dos Anjos, cujo poema "As cismas do destino" é, como apontou o ensaísta, um dos primeiros marcos dessa modalidade de poesia entre nós e, a meu ver, um dos precursores de Piva.

quadro ideal no momento de constituição da modernidade, substituindo a paisagem natural pela nova paisagem urbana. O caráter peculiar dessa modalidade de poesia que os românticos inventaram é precisamente a ligação entre corpo e mente num mesmo movimento que, por sua vez, propicia uma fusão particular entre sujeito e objeto, de modo que o espaço se interioriza à medida que se envolve nos rodopios da reflexão, ao mesmo tempo que por vezes se antropomorfiza e serve de correlato objetivo para as emoções da interioridade. Mário praticou essa modalidade de poesia ao longo de toda a sua obra, em que são frequentes os poemas com caminhadas noturnas, "marcadas pela inquietação e mesmo a angústia", como notou Antonio Candido.[4]

Piva está mais perto do chão em que se inspira, bem como da tradição poética e da experiência histórica brasileiras, do que se poderia imaginar e é daqui de São Paulo, desta cidade particular — periférica, suja, feia, degradada a cada enchente repetida —, dos seus detritos desconjuntados, dos dejetos cumulativos do desenvolvimento desigual e da luta feroz pela riqueza, que ele consegue extrair, a duras custas, a magia de um ouro mais raro, o que a poesia consegue cunhar com as palavras.

Sua São Paulo já não é a Pauliceia de Mário. Esta depende fundamentalmente ainda de uma sensibilidade impressionista capaz de captar os instantes de iluminação como momentos poéticos que impressionam o "coração arlequinal" do poeta, conforme se vê pela bonita série de "Paisagens" daquele livro. Veja-se, por exemplo, especialmente a de nº 3, talvez a melhor de todas, em que as notas da paisagem urbana — como a garoa cor de cinza que impregna de tristeza o Eu lírico — cedem espaço para suas mais fundas inquietudes sobre a própria identidade e suas máscaras,

4. Op. cit. Ibidem, p. 264.

até que "*Um raio de Sol arisco/ Risca o chuvisco ao meio*", pondo um fim luminoso ao quadro meditativo e melancólico.

É bem verdade, no entanto, que a *Pauliceia desvairada* exprime desde o início as contradições históricas das temporalidades desencontradas, resumidas no modo de ser do próprio poeta e que se repetirão na base do quadro urbano de Piva, reiterando ressonâncias do verso famoso e revelador: "Sou um tupi tangendo um alaúde!".

A São Paulo de Piva é, porém, uma outra cidade, mais complexa e caótica, transida de desejo, cuja visão noturna se quebra no espelho de miríades de focos de luz: seus detalhes concretos são numerosos, reiterativos, com acentuada aparência de realidade e a atmosfera dos anos 1960. Contra toda expectativa, há uma nítida base realista e documental em *Paranoia*, criada pela profusão de pormenores da cidade da época. O mesmo se verifica também pelas fotos de Wesley Duke Lee, cuja relação com o texto é constituída algumas vezes por imagens indiciais ou metonímicas como as que o poeta recorta da realidade urbana de seu tempo e, noutras, por metáforas visuais superpostas ao texto que elas parecem comentar num reflexo confirmatório. Quando o poeta se refere às "estátuas com conjuntivite" que o contemplam fraternalmente, vemos de fato na ilustração um leãozinho lacrimejante que nos mira do fundo de seu desamparo, numa sugestiva imagem do cavaleiro desamparado que é o próprio sujeito da elocução.

Pormenores como esse, reproduzidos em série, parecem implicar sua própria modificação no tempo, trazem consigo o senso embutido da precária durabilidade de sua história passageira, como se formassem, como peças de um mosaico ou de um caleidoscópio, a pele transitória da cidade cujas mudanças acompanhamos, recordamos ou pressentimos, independentemente da impressão que causam na interioridade do caminhante que a atravessa e registra. Ao contrário, representam, realmente, um modo de exteriorizar as emoções do poeta que neles encontram seu correlato, dessa forma adquirindo uma força simbólica que os projeta pela liga emocional à visão unitária do todo, pois a paisagem inteira está perpassada pela subjetividade, assim como esta se reencontra no seu reflexo que é o espaço exterior.

O cavaleiro errante que cruza a cidade parece trazer nas mãos um espelho partido onde vêm se refletir os fragmentos do real que ele ao mesmo tempo arrasta e unifica numa visão imaginativa e transfiguradora, imantada pelo arrepio do desejo, a partir das parcelas de realidade a que deu a uma só vez um tratamento realista e verossímil e que acabam por desembocar, no entanto, na vasta imagem visionária e fantasmagórica, carreada pelo impulso que extravasa de sua interioridade. Assim se cria o mosaico de uma grande cidade mágica, desconcertante, enigmática, com a fisionomia espatifada no cristal dos "aquários desordenados da imaginação" do poeta.

Quando *Paranoia* apareceu, Piva tinha cara de menino e a elegância de filho abastado da burguesia paulistana registradas pela câmera de Duke Lee. Dava a impressão de que a cidade capaz de ser a "comoção de minha vida" para Mário de Andrade ainda continuava sendo um "Galicismo a berrar nos desertos da América". Mas o livro desfaz essas aparências enganosas. O cavaleiro que os poemas representam e dramatizam como um andarilho angustiado e solitário perambulando alucinadamente pelas ruas de São Paulo, à caça de amores passageiros, já vinha pronto dos desvarios da noite para o "poema porrada". Sua imagem é a primeira a ser atingida. Depois lança ameaças contra o leitor, abrindo o jorro solto de suas "trombetas de fogo do Apocalipse". Era assim que nascia, com sua eufórica impiedade, o mais novo dos malditos.

4.

O contraste com o quadro dominante na poesia brasileira da época não podia ser mais ostensivo. Era o tempo de novidade do concretismo, que pregava, na direção da linhagem vinda de Poe, através de Mallarmé até Valéry (ou de uma certa leitura dessa linhagem), o poema como um projeto intelectual, concentrado em si mesmo, autoconsciente, levando ao extremo o jogo com a linguagem, a ponto de desconstruir a sintaxe e estilhaçar o verso no espaço da página. Poema visual que parecia aspirar tanto à condensação máxima (conforme a lição de Ezra Pound) quanto à radical rarefação do misterioso *ptyx* mallarmeano — poesia espiralada em concha que roça o silêncio, distante dos ecos do mundo, solitária e estéril em busca do absoluto no branco do papel.

Desde o princípio, Piva reage violentamente contra os concretos, mostra-se submerso no seu mundo delirante constituído em grande parte pela negação do processo de modernização brasileira; ou seja, tinha os olhos voltados para um horizonte de expectativa em tudo diferente e mesmo contraditório com relação àquele a que corresponde o "plano piloto" da poesia concreta, sustentada nos pilotis do industrialismo paulista e aberta aos ventos do futuro vindos do desenvolvimentismo de Brasília, mas encastelada nos avatares da poesia pura, apesar de toda tentativa momentânea de salto participante.

Piva, cavaleiro solitário e sempre revoltado, assume, então, a sina do poeta maldito condizente com seu individualismo anárquico de extração pós-romântica. Herdeiro do legado modernista, mas distante de todo construtivismo, adota a inspiração dos surrealistas (dando vazão à "voz violenta" de Maldoror) e o exemplo mais recente dos *beats* norte-americanos, para apregoar sua insurreição. No rumo oposto ao da neovanguarda concreta dos anos 1950, traduzirá depois sua atitude numa fórmula de rebeldia: "Só acredito em poeta experimental que tenha vida experimental".[5]

Esse lema difícil de cumprir supõe uma atitude transgressiva de base cujas manifestações devem ter a provocação por bandeira e uma exortação constante ao leitor, a quem se dirige o discurso, mesmo quando se troca a comunicação pelos interesses subjetivos e singulares da expressão para dar vazão à experiência pessoal. Repetindo sua atitude contraditória diante de sua matéria, a cidade, Piva agride e rechaça violentamente o leitor assim como o acolhe calorosamente nas camadas mais interiorizadas de sua linguagem, marcada, por isso mesmo, também por procedimentos retóricos voltados para a persuasão de quem o lê. O desejo de comunicar ao outro a incomunicação em que se acha angustiosamente tamponado parece uma contradição central a seu projeto poético, permeado pelo conflito de emoções opostas e laceradoras que atingem o próprio núcleo do sujeito dilacerado.

A provocação sempre foi umas das fontes conhecidas da obscuridade da poesia moderna, sobretudo se conjugada às peculiaridades de linguagem do poeta.[6] No seu caso, embora dependa da tradição do versículo de hausto longo que vem de Walt Whitman e de Rimbaud, a estrutura da linguagem que se apresenta em *Paranoia*, dando as costas a todo esforço de condensação e ao trabalho com a linguagem na construção do poema, entrega-se conforme a inspiração aos desígnios da emoção do momento, exprimindo-se num estilo solto, tentativa de tradução imediata da experiência, sujeita aos riscos da verborragia e do informe.

5. Cf. "Biografia" em sua *Antologia poética*. Porto Alegre: L&PM, 1985, p. 102.
6. Cf. nesse sentido: Alfonso Berardinelli. "Quatro tipos de obscuridade" em seu *Da poesia à prosa*. Trad. Maurício Santana Dias. São Paulo: Cosac Naify, 2007.

João Cabral de Melo Neto, numa importante conferência de 1952, contrastou esses dois extremos da composição literária moderna: o trabalho de arte que define sua poética, voltada para a construção lúcida do poema, conforme a lição de Valéry, e a inspiração que procura "aprisionar a poesia no poema".[7] Postos entre esses extremos, os poetas tendem a escolher atitudes intermediárias, uma vez que os polos muitas vezes se fundem, mas a falta de um princípio estético universal torna a composição o reino das soluções pessoais e pode conduzir à polarização entre as exigências do artesanato artístico e a pura inspiração. Esta marca a poesia de Piva, que parece sempre obrigado a manter a elevação do discurso, mesmo tratando das coisas mais baixas, como se o vate, possuído pelo deus do instante, não pudesse abandonar o entusiasmo no momento da expressão, abrindo mão de toda proporção e objetividade, para se lançar no jorro da emoção momentânea. Assim, o poema, mesmo concluído, ainda permanece ligado à esfera da experiência pessoal do poeta e por vezes pode sugerir o sentimento do inacabado. Na verdade, o conjunto ganha mais importância que o poema isolado, projetando a figura paraficcional e dramática do poeta, a cuja experiência acabam por remeter as composições.

O que de fato Piva produz não segue exatamente os padrões do verso livre modernista, embora este seja dominante em muitas passagens, enquadradas, porém, num arcabouço mais geral, sendo, portanto, uma forma de expressão localizada, na dependência da estrutura discursiva. A conformação do seu discurso é dada mediante os princípios estruturais da repetição e da analogia, que respondem pela cadência paralelística das linhas e pela efusão imagética. Na prática, esses princípios

7. Cf. "Poesia e composição" em sua *Obra completa*. Rio de Janeiro: Nova Aguilar, 1994, pp. 723-37.

se interligam e permitem que se forme uma espécie de epos pontilhado de imagens em ritmo associativo próprio da lírica, mas também próximo, como ficou assinalado, da prosa oratória, com propensão à retórica persuasiva, como se se destinasse à recitação diante de um auditório, além de conferir certa dramatização à voz do poeta, imerso numa sucessão de monólogos dramáticos.

Essa instabilidade rítmica entre o verso e a prosa não é defeito, mas uma característica da expressão em todo esse livro inicial do poeta (e prossegue depois, com modulações especiais e abreviações em outras obras) e parece estar a serviço, a meu ver, de uma necessidade expressiva mais funda e relevante, que é a combinatória de vozes do poeta, o que é preciso distinguir e entender.

5.

Paranoia é um livro sobre São Paulo, mas é também e sobretudo um livro sobre Roberto Piva enquanto personagem que caminha pela cidade ao mesmo tempo real e fantasmagórica — o cavaleiro do mundo delirante — a que seus versos remetem. Em certo momento o Eu explicita essa condição de personagem de si mesmo que o poeta encarna, num quase epitáfio antecipado, cujo acento patético à maneira de Augusto dos Anjos faz lembrar, na verdade, o vaticínio de César Vallejo sobre sua própria morte:[8]

ROBERTO PIVA TRANSFERIDO PARA REPARO DE VÍSCERAS...

8. Refiro-me ao famoso poema "Piedra negra sobre una piedra blanca", em que se lê: *César Vallejo ha muerto, le pegaban/ todos...* Cf. Vallejo, C. *Poesía completa.* Ed. crítica de Juan Larrea. Barcelona: Barral Editores, 1978, p. 579.

Em *Paranoia*, ouve-se, em primeiro lugar, a voz lírica de um Eu que fala consigo mesmo ou com ninguém, que sonha e reflete sobre o mundo, que exterioriza pensamentos e emoções, correspondendo à tradição meditativa da poesia itinerante:

eu penso na vida sou reclamado pela contemplação....

Ou:

na rua São Luís o meu coração mastiga um trecho de minha vida...

Seu traço característico é um sentimento de exílio e solidão, impregnado por vezes de angústia e desespero:

eu sou uma solidão nua amarrada a um poste...

Ou ainda:

no exílio onde padeço angústia os muros invadem minha memória [...].

Mas se acalma no ritmo lírico da canção, interiorizado, meditativo, essencialmente descontínuo e paratático, como nestes versos que encerram o livro, mantendo sua atmosfera recorrente de sonho acordado:

minha alma minha canção bolsos abertos
de minha mente
eu sou uma alucinação na ponta de teus olhos...

Essa mesma voz que apregoa a própria impiedade — *eu nunca poderei ser piedoso* — e manifesta todo o tempo a mais feroz agressividade contra todos e tudo aparece sob essa roupagem de cavaleiro errante e solitário como o mais frágil e desamparado dos seres. A sua tendência fundamental é para a atitude solipsista, refugiada numa dicção antes furtiva, dando as costas a toda audiência e à comunicação direta. Contrasta, portanto, com o tom provocativo dominante e permite pensar em dobras ocultas onde se resguardam os sentimentos mais íntimos dessa complexa e espinhosa personalidade poética.

Contudo, essa voz não é a predominante no livro, cujo tom não é dado apenas pelos remansos líricos, pela dicção oracular e pelo ritmo descontínuo e associativo, mas, como se observou acima, por outra voz cuja dicção quer persuadir, com sua retórica insistente e repetitiva, e está mais próxima à continuidade da prosa, ainda que se exprima em recortes longos e cadenciados que respeitam a linha do verso. Eles parecem feitos para ser recitados diante de um auditório, à maneira de Allen Ginsberg. Correspondem, no entanto, a exigências expressivas mais fundas determinadas por aquilo que se poderia definir como o "individualismo dramático" de Piva, que só encontra parâmetro semelhante na tradição romântica brasileira em Álvares de Azevedo,[9] com quem compartilha a atmosfera noturna de fantasia e delírio e os traços de perversão e satanismo, embora se manifeste numa direção diversa daquela do autor do *Macário*, sem chegar nunca à obra dramática propriamente dita.

Há decerto um elemento dramático nos versos de *Paranoia*, e como no caso de Álvares de Azevedo, ele parece decorrer de divisões internas irreconciliáveis, de *binomias* do espírito (como disse o romântico no prefácio à segunda parte da *Lira dos vinte anos*), de

9. Ver, nesse sentido, Antonio Candido: "Álvares de Azevedo, ou Ariel e Caliban". Em *Formação da literatura brasileira*. São Paulo: Martins, 1959, 2º vol., pp. 178-93. A questão do "individualismo dramático", relacionada ao "âmago do espírito romântico", se acha na p. 180.

uma personalidade conflitiva cujas dúvidas e o sentimento da divisão não ficam longe daquilo que caracteriza a alma adolescente e turbulenta de seus "anjos de enxofre".

Num ensaio célebre, T. S. Eliot, que caminhou da expressão lírica à peça de teatro em versos em sua própria obra, chamou a atenção para a mistura de vozes do poeta.[10] Nele realça a importância desse elemento dramático, diferente do drama em versos no qual o poeta deve criar discursos poéticos específicos e adequados à ação e ao caráter de cada um dos seres imaginários que inventa. Os exemplos que dá primeiro são os monólogos dramáticos de Robert Browning, que assume a máscara de figuras históricas ou ficcionais, falando, no entanto, com sua própria voz. Diferentemente de suas peças teatrais, neles não cria personagens, pois fala com sua voz ainda que se sirva de uma *persona* (para empregar o termo que um discípulo de Browning, Ezra Pound, tornou famoso), como nos casos de Lippo Lippi e Andrea de Sarto, os pintores a que se referem dois de seus mais conhecidos monólogos. É essa também a técnica que Jorge Luis Borges utilizou para falar pela máscara de Francisco Laprida no seu notável "Poema conjetural", reproduzindo o monólogo de um liberal argentino que enfrenta a pretensa barbárie e descobre ao morrer seu verdadeiro destino sul-americano.

Mas essa segunda voz, como observou ainda Eliot, está em muitas outras modalidades de poesia que não pertencem ao teatro, nem são propriamente monólogos dramáticos como os de Browning, e fazem uso desse elemento dramático na sua relação declarada, implícita ou virtual com uma plateia, para comunicar uma finalidade social consciente, com o intuito de diverti-la ou instruí-la. Alguma coisa disso há, sem dúvida, em *Paranoia*, e se

10. Ver "The three voices of poetry". Em *On poetry and poets*. 4ª reimpr. Londres: Faber and Faber, 1965, pp. 89-102.

combina com aquela voz solitária e meditativa do Eu que fala sozinho em outros momentos do livro, dando as costas a qualquer auditório. Qual a razão dessa duplicidade de procedimentos e de sua combinatória final para o destino do todo?

Creio que nessa duplicidade já se exprime o mais profundo: o conflito essencial de que nasce a poesia de Piva, dividida em sua raiz entre o desejo de comunicação e a alma confinada em seu segredo mais íntimo e incomunicável, pois o fundo sem termo da solidão de onde se origina o poema não é totalmente conciliável com sua disposição retórica ou sua exposição final a um auditório, mas tampouco pode se sustentar no absoluto isolamento. Em sua recolhida solidão o poema fala uma linguagem privada e, no extremo, inefável, porque trata do desconhecido, do que não tem nome e não se pode dizer. O conflito que aflora na mescla de vozes de Piva é a condição de sua expressão pessoal, que necessita do êxtase para ter voz e exprimir o que secretamente fervilha em seu inalcançável interior.

O delírio que acompanha o êxtase é a tentativa de ver mais claro, no cerne da noite, aquilo que de fato sou e quem sabe possa vir à luz. No fundo de sua própria obscuridade, o poeta, "demônio incorrigível", caminha sem rumo pela cidade imaginária em busca de revelar o segredo que traz consigo mesmo.

6. Nota sobre Cecília*

A fortuna crítica de Cecília Meireles está aquém da importância de sua obra. Neste estudo acurado de Leila Gouvêa, em que o trabalho minucioso de análise brota da dedicação fervorosa, o leitor encontrará uma busca dos fundamentos dessa importância aliada à tentativa de compreensão de sua poesia, através da leitura cerrada de inúmeros poemas e de um exaustivo comentário sobre sua pureza e significação.

Embora boa parte da crítica a tenha sempre avaliado positivamente, como ocorreu com alguns poetas modernistas da primeira hora, e mais tarde, com os críticos Darcy Damasceno, Otto Maria Carpeaux, Alfredo Bosi, entre outros, a singularidade de Cecília no quadro do modernismo e um juízo algo restritivo de Antonio Candido, serviram de acicate para o desenvolvimento do trabalho e justificativa de seu modo de ser mais íntimo. É como se Leila, angustiada diante das lacunas da bibliografia ideal e da falta

*Publicado em Leila V. B. Gouvêa. *Pensamento e lirismo puro na poesia de Cecília Meireles.* São Paulo: Edusp, 2008.

de um reconhecimento completo, quisesse cumprir de algum modo a tarefa de preenchê-los, numa entrega generosa a seu objeto de estudo, que se reflete no tom reivindicatório e apologético que atravessa sua argumentação. Mesmo quando não chega a nos convencer, ela ressalta as qualidades de uma obra de primeira plana e nos estimula a entendê-la melhor.

Trata-se, em linhas gerais, de uma interpretação que nasce de uma identificação profunda, mas não exclui o distanciamento crítico, traduzido em esforço analítico e na investigação das bases de pensamento em que se fundariam as intuições cristalizadas nas imagens poéticas da autora de *Viagem*. Sem perder a consciência crítica, o esforço de entendimento acompanha aqui um olhar apaixonado que adere à visão lírica de Cecília, assinalando sua força de conhecimento, como no final da década de 1930 já o fizera Mário de Andrade. E persegue seus desdobramentos até o espraiar-se da dimensão metafísica. É, portanto, uma reivindicação de valor e, ao mesmo tempo, um mergulho investigativo no vasto mar de mistérios e vaga música que lhe caracteriza a obra, sobretudo naqueles momentos poéticos em que a evanescência se abre para a transcendência e a imagem catalisa o que está além do que é dito.

Este último ponto é nevrálgico e constitui precisamente o divisor de águas da crítica diante da obra de Cecília. Por isso mesmo, torna-se o alvo principal e sub-reptício de todo o livro de Leila Gouvêa. É que desse ponto depende uma questão fundamental: ou o poema ganha em textura e complexidade, condensando o infinito no finito em irradiante significação, ou se limita ao lacre do verso definitório e à imagem explicativa, fazendo fenecer seu encanto sonoro e aparente enigma — limite em que incidiu a restrição de Antonio Candido.

Cônscia dessa dificuldade, Leila cede à melíflua embriaguez do ritmo que sempre cativa, mas busca nas imagens a carga de pensamento capaz de despertar o leitor para os problemas humanos, a experiência histórica, o "rumor do mundo" que de alguma forma ficaria ressoando na ausência ceciliana de mundo. Arrisca-se, assim, na tarefa bastante problemática de resgatar vínculos ocultos com o mundo terreno de que essa obra aparentemente se afasta, para pairar nas regiões elevadas da "pastora de nuvens", distante do efêmero chão do cotidiano. O trabalho insiste na dimensão maior dessa poesia pura que, sem nunca abrir mão de seu modo de ser lírico, teria renovado, com matéria e sensibilidade brasileiras, a tradição do *Lied* em língua portuguesa, como já observara Carpeaux.

No quadro da poesia modernista, Cecília Meireles manteve sempre uma rara e solitária independência, embora os contatos de amizade e a relação com a crítica de Mário de Andrade e Manuel Bandeira tenham sido decisivos para ela. Ambos souberam vê-la a fundo e jamais deixaram de louvar a pureza de sua inspiração, a filiação às fontes da tradição lírica portuguesa, que lhe valeu bons leitores em Portugal, a refinada arte do verso, perfeitamente casada às necessidades expressivas, e a "graça aérea de suas imagens", conforme apontou com precisão Bandeira.

Essa independência certamente se nutria de uma completa fidelidade às raízes simbolistas de sua lírica, cujos ecos permanecem constantes ao longo dela, muito além das ligações com o grupo espiritualista da revista *Festa*, que lhe marcaram, com alguma ingenuidade, os primeiros versos. Podem ser notados não apenas nos tons esfumados, na sintaxe fluida e no gosto das toantes, procedimentos recorrentes de sua prática poética, mas também nas afinidades mais secretas de seu imaginário, no espiritualismo de vários matizes a que a levaram suas inquietudes e, principalmente, no próprio modo de conceber a imaginação poética como forma de conhecimento. Essa herança decisiva que os simbolistas receberam dos românticos nunca se arrefeceu nela e representa uma tendência fundamental de sua personalidade poética.

Poeta da transitoriedade, da ausência, do inefável, Cecília, com seu puro canto, desafia a crítica a interpretar o sentido que lhe dá transcendência, sem abdicar de sua distância do mundo. Mas não será sempre assim com a mais alta poesia da canção que encanta, refugiando-se em si mesma? O desafio crítico que essa obra representa e a que Leila procurou responder, não constituirá, no limite, o desafio de toda lírica essencial? Aprofundar a leitura do enigma, revelar as razões de sua insolubilidade, decifrar o paradoxo dos ecos do mundo na própria ausência, parece ser a única resposta crítica adequada a esse desafio. Tarefa em aberto de que os críticos ainda não deram conta.

Creio também, como afirma Leila na conclusão de seu trabalho, que é na direção da poesia moderna dentro da tradição pós-simbolista internacional — a tradição de Yeats, Rilke, Valéry, Juan Ramón Jiménez e tantos outros — que se deva dirigir toda tentativa de caracterização da obra de Cecília. Mas, embora ajude, essa caracterização decerto não bastará para dar conta da fisionomia particular de um poeta que é preciso esquadrinhar na sondagem profunda de seus próprios meios de expressão e da sociedade em que se produziu. De qualquer forma, das características semelhantes sempre podem surgir pistas para o mergulho nas obras individuais. Lembremos, um pouco, nesse sentido, palavras sábias de Rilke em *Os cadernos de Malte Laurids Brigge*:

> Para escrever um verso, um verso só, é preciso ter visto muitas cidades, homens e coisas. É preciso ter experimentado os caminhos de países desconhecidos, despedidas já há muito previstas, mistérios da infância que ainda não se esclareceram, mares e noites das viagens. Nem basta ter recordações de tudo isso. É preciso saber esquecê-las quando se tornaram numerosas, e é preciso ter grande paciência para esperar até que voltem. Porque as recordações — isto ainda não é a poesia. Só quando se incorporaram em nós,

quando já não têm nome e já não se distinguem de nosso ser, só então pode acontecer que numa hora rara surja a primeira palavra de um verso.[11]

Não será esta uma perfeita descrição do que fez Cecília? Não estará aqui descrita a exata atitude que condiz com sua experiência poética? Não será esse vasto mundo visto, esquecido e recriado pela imaginação poética, que é outra forma da memória, o que continua a ressoar em seu mar de ausências?

Creio que o livro de Leila Gouvêa, seu trabalho empenhado de muitos anos, ajuda-nos a penetrar, com lucidez e alguma perplexidade, no fascínio do espelho dessas águas em que uma grande poeta, sem nunca se reconhecer inteiramente, interroga a si mesma, em meio à fugacidade de tudo, sobre o sentido de sua recorrente canção.

11. Cito a partir de uma tradução de Otto Maria Carpeaux, em páginas notáveis que dedicou a Rilke, em sua *História da literatura ocidental*. Rio de Janeiro: Edições O Cruzeiro, 1964, vol. VI, p. 2803.

7. O guardador de segredos*

y a toda vida tus ojos
hacen oficio de espías.
Quevedo, "El basilisco"

OS OLHOS, AS SOMBRAS

Sebastião Uchoa Leite, um dos principais poetas brasileiros da atualidade, acaba de publicar *A espreita*, livro esquivo, com força e complexidade, mas cuja oculta poesia se furta à vista. Livro de recusas, que prefere o viés, a sombra, o fascínio difícil. Atraído pelo sorvedouro de águas secretas, pelo que espreita nas trevas e remói em segredo.

Excêntrico, escondido entre parênteses, sibilino nas alusões, o Eu que pouco nos fala, ao invés de exprimir-se, prefere a mera

*Publicado no *Jornal de resenhas*. Discurso Editorial/USP/Unesp/*Folha de S.Paulo*, nº 63, 10 jun. 2000.

observação ou o registro do olhar, sem temer, dentro ou fora, cantos escuros e esquisitices, mas sem se mostrar, preferindo velar-se. Observador de passagem, casa o movimento dos olhos ao ritmo do andarilho solitário e, como o *flâneur* de Baudelaire, espia por toda parte feito um príncipe incógnito.

Daí que os poemas, divididos em dois blocos contrapostos pela ironia ("A espreita" e "Antídoto"), formem um conjunto descontínuo de fragmentos aparentemente objetivistas, antepondo barreiras a qualquer efusão lírica. Na verdade, acham-se interligados pela rede significativa de uma experiência comum, mas entrecortada e elíptica, que neles se enreda e se objetiva na forma de pequenas ficções instantâneas. Nelas, o sujeito oculto é como um devorador de sombras que buscasse pelo juízo final dos olhos o que deve ficar da memória pessoal para o poema guardar em segredo.

Não se limita, no entanto, a isso. Em segredo guarda também um impulso oposto para a vida de fora e o outro, um latente e constante anseio por sair de si e pela abertura: o prazer da caminhada ao ar livre, sob o sol ou a chuva; o desejo de dissolução sensual nos elementos naturais; a secreta entrega aos semelhantes, alvos de um olhar igualmente atento e de uma emoção social furtiva, mas recorrente.

Em vários poemas — "Os três in-seres", "O que se nega", "Os passantes da Rua Paissandu", "Spiritus ubi vult spirat", "Do túnel do ano passado" — as andanças ao azar pelo Rio de Janeiro, pelo Recife ou por outra cidade qualquer podem levar ao encontro de uma infrarrealidade social, a um "inferno alighiérico dos pobres". A rua, o único lugar da experiência válida nas palavras de André Breton, no tempo das vanguardas, é ainda o lugar do encontro desse caminhante "só ignoto" com o outro, e de novo consigo mesmo.

Em todos os exemplos citados, o outro evoca de algum modo "O bicho", de Manuel Bandeira, poema de 1947, em que se dá a surpreendente descoberta de um ser que engole com voracidade o lixo, e não é cão, gato ou rato, mas um homem. Agora a realidade é outra; o ser não é sequer um homem, mas o inominável. São "in-seres", ou é "o que se nega", "ser-aí", despropósito emparedado num real grotesco: "Casco/ Espinhoso/ Contra tudo/ Que não a parede/ Reclusa".

A saída para a rua pode ser a observação do mesmo emparedamento interior. O Eu de dentro de algum modo se identifica, ao resgatá-lo pelo olhar, com o outro de fora: *a lo mejor soy otro*, como diz, citando César Vallejo. Dilemas dos olhos: para fora, para dentro; sol, sombras. Quem vê pode ser outro. Mas também pode descobrir em outros sem nome, "os sem teto", encerrados no túnel dantesco de um "Hades menor", um idêntico anseio por luz. A quem pertencerão os olhos que espiam?

Assim, uma poesia ferozmente individualista, na sua rebeldia extrema, saída de uma linhagem de sombras, com ecos da literatura gótica do século XVIII, do romantismo e do simbolismo, de Poe e Nerval, de maluquices de Lovecraft, da *flânerie* baudelairiana — ecos repetidos com senso paródico moderno —, ao se identificar de algum modo com outro que observa na rua, se abre ao social, compõe com a ferocidade de fora e ganha um sentido político. Há a secreta solidariedade do solitário, a comunidade invisível dos homens de que faz e se sente parte, até pelo gesto de recusa mais renitente. Como em Drummond, o coração trancafiado no inconformismo individual, na solidão mais completa, também bate desajeitado em sintonia com os desacertos e desgraças do mundo. E, por fim, há a suprema ironia de quem ri por último: a de "Um artista da fome", de Kafka, cuja recusa em comer, razão última de sua arte, esquecida pelos homens de tão persistente, é tão só a de não ter encontrado alimento algum de seu agrado.

Sufocado em si mesmo e voltado para o mundo, mas ao mesmo tempo contra o mundo e enfiado em si, hermético e aberto, recortado de sombra e luz, o livro condensa, na forma breve de sua escrita compacta e críptica, a substância extraída da memória do vivido ou das leituras, permeada por tensões contraditórias. Tensões que atuam não propriamente por antíteses ou antagonismos estanques, mas por intersecções bruscas e sobretudo conforme o movimento oscilante dos líquidos, de humores contrastantes que vazam, se misturam, podem se dissolver.

O movimento dissolvente se reflete também no tom: o espírito lúdico, irônico, paródico, permite que vá da reflexão à irrisão ferina, da gravidade ao humor negro, do registro seco ao riso escrachado, modulando um equilíbrio instável de humores entre a alma e o corpo, o coração e as tripas.

Sob a capa do mistério, revela o gosto pelo grotesco já apontado e pela poética da matéria. A todo instante volta-se para o corpo e suas partes baixas, para as secreções e os fluidos orgânicos que tanto falam à imaginação, para os maus odores, as entranhas, o vômito, os vermes. "Visões são vísceras", como dirá em "Verdade". Percebe-se à socapa o riso sarcástico. É que se inclina para a vertente realista e rabelaisiana da sátira, aqui com um pé na terra de Augusto dos Anjos e certa sedução erótica pela própria doença e pela matéria em desagregação. Nessa linha, vai também a linguagem, fascinada pelos jogos concretistas de outros tempos, agora voltada para outros fins, com a mistura do coloquial-irônico a termos estrangeiros, exóticos ou a neologismos extravagantes — "noosferas malignas", "sol monófono" ou "incósmico", "pluviopériplo", "acrelírico" —, acompanhando a atração do vórtice que tudo deglute e a própria direção do olhar, magnetizado pelo horror do vácuo e pela contemplação minuciosa da liquefação ou desfazimento das coisas no nada.

E desse modo subverte, destrona e puxa para o chão a espiritualidade elevada dos olhos, situando-os como testemunhas da vida e da morte enquanto fenômenos materiais, próximos dos elementos cósmicos, das mudanças da natureza, dos ritmos do tempo, sentido, sob a angustiosa pressão da doença, como um "tempo à míngua", de "agras esperas". O elemento biográfico, sobretudo perante o acossamento premente da doença, se infiltra muito, mas se dissimula num enredo vazado, difuso, cujos fios se perdem a todo instante.

Apenas se mantém firme o olhar — a espreita —, olhos pétreos fixados sobre o fluxo das coisas: águas que liquefazem o ar, molham o esqueleto, dissolvem a própria consciência, borram a memória, somem no fluir secreto dos interiores do corpo ou fora,

Vida se esva-
Indo
Naquela agulha
Que se afina

Final notável do poema "Agulha", dos melhores do livro, pela precisão, finura e contida intensidade dramática com que apanha, numa imagem aparentemente objetiva e distante, a angústia íntima de observar, em progressivo afunilamento, a vida escoando-se irremissivelmente. A experiência interior da enfermidade ganha o registro objetivo do olhar, em forma de imagem. O de dentro está fora; o de fora, dentro.

Na verdade, fixo no centro, está o olho da consciência. Olho de detetive ou de espia, que segue, vigilante, os movimentos ambivalentes do velar-se. Recusando-se ao desvelamento lírico, a consciência vela o tempo todo na espreita: vigia e se vigia, espia o mundo e a si mesma sem descanso, enrodilhada nas dobras de si mesma como a víbora, encoberta nos desvãos das sombras que ela própria devora, transformando-se na própria doença. Ou como diz "Uma voz no subsolo":

Qualquer consciência
É uma doença
Remoendo-se em segredo

Espreitar quer dizer, como se sabe, observar ocultamente, olhar atentamente. A etimologia duvidosa que dão dessa palavra é um paradoxo, pois remete ao verbo latino *explicitare*, frequentativo de *explicare*, que significa tornar inteligível, interpretar. Mas se esclarece de fato neste caso. Na explicação miúda de espreitar, acha-se provavelmente o desejo de trazer à luz, de explicitar pelo olhar atento. Esse movimento que enlaça a sombra à luz, pela via do olhar, é essencial à poesia de Sebastião, pois nela toma a forma concreta de imagens reiteradas e obsedantes.

No poema que tem justamente o título de "Espreita", forma-se pela montagem de detalhes, como num quebra-cabeça ou criptograma, a imagem temível de um animal hipotético que poderia ter saído da observação mais comezinha — algum cachorrão acuado como o dono em jardim de mansão gradeada —, de um filme, de um documentário, ou ter sido transplantado da memória literária, por exemplo, do *Manual de zoologia fantástica* ou do *Livro dos seres imaginários* de Jorge Luis Borges:

É uma espécie de Cérbero
Ninguém passa
Não escapa nada
Olho central
Fixo
À espreita
Boca disfarçada
Que engole rápido
Sem dar tempo
Depois dorme
Aplacado.

Mas, nada fica claro. Aranha, serpente, monstro marinho? Uma fusão de seres estranhos, um ser de sonho? A ambiguidade se mantém até o fim, servida pela linguagem elíptica, que elimina toda explicação indesejável e se aferra ao laconismo do recorte, limitando a construção aos mínimos traços decisivos. Dá mais o que pensar pelo poder de sugestão do pouco que mostra, com destaque de todo detalhe forte pela latente agressividade. A velada ameaça se impõe ainda com maior impacto por não se saber exatamente do que se trata, por força do disfarce, que é do pormenor da boca, mas também da imagem como um todo e da própria construção do poema, bote ironicamente armado à traição, para desconcerto do leitor.

Pode-se, entretanto, buscar em meio à fauna imaginária um animal que sirva melhor à compreensão crítica desse poema, em sua relação ao livro como um todo. Com efeito, o caráter implacável da espreita, com o realce da fixidez central do olho, pode sugerir o basilisco, o réptil fabuloso que mata pelo bafo ou pelo olhar com aquele olho só, fulminante, na testa. Este ser fantástico e misterioso é suficientemente dotado para servir aos desígnios oblíquos do poema. E bem pode valer como emblema do livro todo, mesmo que não tenha sido o animal de eleição do poeta, pois simboliza a atitude fundamental de espreita que é a do Eu (e do outro) que aqui se exprime, encarnação do poder e da ambiguidade do olhar, que se move entre o dentro e o fora, o claro e o oculto, a alma e o mundo.

Como em toda obra de arte radicalmente moderna, a poesia de Sebastião busca a participação nas trevas contra o mundo real, olha de viés, se arma nas sombras, se identifica com imagens demoníacas, com dejetos do desejo, se posiciona do lado antissocial de quem diz não voltado contra a parede, exigindo a cota de negatividade de que precisa para que de algum modo possa ainda aspirar à luz, que ela também às vezes renega.

Assim, o livro tanto pode sugerir a travessia por um túnel infernal e dantesco da divisão do ser, do esquecimento e da morte, como a saída integradora ao exterior, em que o resgate da memória, a dissolução erótica em comunhão com a natureza, o olhar solidário e o próprio humor são sinais de afirmação da vida, ainda que sinais problemáticos. Eros, o "úmido eros", mesmo quando com crueldade despedaça no êxtase ou dissolve no líquido da matéria indistinta, ainda brinca, deixando lembranças da perdida plenitude que o caos sombrio tende a arrastar para o sumidouro.

No conjunto, a obscuridade se impõe primeiro, mas a poesia sempre salta sobre a própria sombra, abrindo-se também à luz, pois é da rejeição que tira ainda sua possibilidade, sua promessa de ser.

O FLUIDO SECRETO

Tomados isoladamente, os poemas curtos, às vezes com o ar de notação despretensiosa, parecem, de início, insuficientes em si mesmos e, sua reunião, um conjunto aleatório e disperso. Podem lembrar, além disso, pela recorrência de motivos e procedimentos, poemas anteriores do autor, reunidos na *Obra em dobras* (1988), e sobretudo os dois seguintes, *A uma incógnita* (1991) e *A ficção vida* (1993), com os quais o livro de agora forma de fato um bloco homogêneo, ao incorporar uma experiência parecida, com inflexão, porém, distinta e consequências diversas.

Nada mais falso, nesse sentido, que reduzi-lo à aparência fácil, ao casual e ao já sabido. A continuidade existe, mas a mudança é decisiva e muito trabalhada. Embora forme corpo com os dois anteriores, sua significação para o conjunto da obra é outra, mais poderosa, porque representa um tratamento mais eficaz de problemas postos na etapa precedente, integrados agora em profundidade e com maior acerto.

Com efeito, a dificuldade que apresenta não é a de superfície, a exemplo das alusões repetidas, que exigem do leitor o domínio de um contexto cultural amplo ou muito específico, e o entrave de alguns latinórios e estrangeirismos, que o *sense of humour* afinal sempre salva. Tudo isso já estava presente nos demais, às vezes com o risco de mera obscuridade, de pedantismo ou de cacoete, e agora muda de pele, por ajuste à necessidade interna da expressão, com outro alcance e contundência.

A dificuldade mais funda é a de entender a articulação do todo, que liga temas e técnica e dá forma unitária ao que aparentemente andava solto, ou seja, a dificuldade de entender o processo a uma só vez de síntese e mudança que deu uma fisionomia nova e particular a essa poesia. É essa a secreta força que atrai o leitor pela forma orgânica com que uma nova matéria se ajustou ao modo sorrateiro e enviesado de expressão do poeta. Sua linguagem, cristalizada ao longo dos anos, foi de repente abalada, subvertida e enriquecida pela nova e complexa experiência que teve de coadunar ao cerne da composição. O resultado não é nem um poeta singularmente raro, nem genericamente negativista; a forma particular que encontrou para exprimir a nova matéria é que constitui o desafio crítico.

E o livro se impõe logo, pedindo leitura atenta, como remoagem mental e poética que é de uma densa experiência vivida, ainda que permeada muitas vezes pela memória das leituras literárias: as agruras da doença e da iminente ameaça da morte. Com essa experiência-limite teve de se defrontar. É outra a força da verdade íntima, que agora é também verdade poética: o que veio à luz, sob a forma de uma "ficção vida", com mais agudeza ainda que no livro que levava esse título.

É que tudo agora de algum modo se transporta sutilmente pela voz dos símbolos ao enredo meio ficcional, lacunar e incompleto, recortado em retalhos de memória, nos poemas breves e fragmentários a que voltam lembranças de velhos avatares do poeta como o detetive ou o espia, mas sobretudo sua mitologia própria, o gosto dos *puzzles*, dos enigmas e das incógnitas, o bestiário fantástico — a pantera e a víbora com sua insinuação erótica perversa —, o imaginário pessoal dos livros anteriores, mas como um todo refeito e avivado em inesperada direção: a da angústia da existência que se afunila, sob a pressão da enfermidade fatal, e se expõe nesse amálgama de sombra e luz de seus versos.

A doença se interioriza, passa do corpo à alma, se estabelece como um terceiro indesejável, se enraíza na consciência (e decerto também no inconsciente), obriga as voltas remoídas da reflexão sobre si mesmo, vira uma questão moral e um comportamento, reata, quando dá trégua, o contacto do ser isolado com o mundo. É mediante essa substância acumulada, matéria densa, pessoal e biográfica, arrancada com as entranhas da mais funda interioridade que o poeta consegue sair, paradoxalmente, de si mesmo. A doença provocou um cataclismo em sua guarda, abriu uma brecha nessa interioridade tão resguardada pela constante obsessão da ordem, rompendo-a de modo lancinante e terrível, forçando-a com o remoer-se da reflexão e do sentimento diante de um abismo infinito, em que o sujeito se liquefaz ou desfaz, despencando "em queda/ na sombra-silêncio". O olho fixo passou a guardar lições de abismo.

E por esse caminho dificultoso o poeta se abriu e deu forma estética particular a uma experiência histórica mais ampla, pois foi por ele que o geral penetrou na singularidade individual de sua intimidade tão protegida e recoberta. É assim que fez de seu solipsismo um modo de ser simbólico, dando-lhe um sentido social e densamente humano, exemplar e geral.

Desde o título, *A espreita* se caracteriza por uma atitude peculiar diante do mundo e da arte. Ela é basicamente uma atitude psicológica, ou antes, *uma maneira de ver*, que implica também uma maneira de ser e uma "psicologia da composição", um modo de conceber o fazer artístico.

A referência a João Cabral não deve no entanto confundir, pois Sebastião não é, no sentido que aqui interessa, cabralino. Embora preze a atitude de vigilância e lucidez no trabalho de arte, não compõe programaticamente à maneira do seu conterrâneo (ou *en toute lucidité*, como queria Valéry), por mais que possa compartilhar com ele o gosto da secura na construção, a despoetização do poema e da visão da realidade. Sob esse aspecto e muitos outros, é antes bandeiriano. Bandeira é realmente aqui o poeta tutelar, com quem dialoga o tempo todo. Primeiro, pelo surto espontâneo da poesia, ao reunir em livro a última safra das composições que lhe ocorreram quando ela, poesia, quis; depois, por se deixar tocar por uma emoção social parecida àquela expressa no poema "O bicho", já comentado; e pela proximidade temática nas interrogações da doença e da morte, a que dá, contudo, um tratamento tão diferente. Por fim, pela técnica de desentranhar o poético da ganga bruta, de que há vários casos neste livro.

Mas o fundamental é que, para Sebastião, diferentemente de Cabral (e, em certa medida, também de Bandeira), o poema não se constrói como o espaço em que a poesia se dá a ver. Ao contrário, é onde ela tende a se ocultar. Um poema como "Espreita", comentado acima, é bom exemplo disso. Quando muito, ele é o espaço onde a poesia pode ser espiada, por um viés da linguagem, como um segredo, que aí ao mesmo tempo se guarda e se deixa vazar. A originalidade de tratamento que soube imprimir, em cada caso, a essa concepção ampla é a marca profunda de seu estilo pessoal, por vezes tão enviesado, sutil e difícil. Na verdade, ele é um meio de lidar com as tensões contraditórias inseridas no âmago dessa noção da poesia como segredo, o que se guarda e o que vaza.

Num poema muito revelador, por conter essa visão central da poesia e a poética correspondente ao modo de ser de todo o livro, "Os sentidos de um vocábulo em um dicionário alemão", os significados da palavra alemã *dicht* (não mencionada no texto) são *desentranhados* à maneira bandeiriana:

Denso espesso compacto
Rente junto
Contínuo contíguo
Hermeticamente estanque
Vazar
Deixar passar
Ajustar-se bem
Escuridão cerrada
Rente à água
Guardar segredo
Não deixar transpirar

De início o poema parece sugerir apenas uma maneira de conceber a poesia como forma de condensar a linguagem (*dichten* = condensar), evocando a conhecida concepção de Ezra Pound, tão difundida pelos concretistas em nosso meio. Em relação a eles, Sebastião sempre revelou de fato algumas afinidades, mas também diferenças essenciais, e andou por vezes confundido, o que é lamentável, com seus epígonos, com os quais nada tem a ver, sem falar na qualidade.

Como princípio de condensação, soa o primeiro verso, constituído pela sequência dos significados básicos de *dicht*, quando usado como adjetivo: *Denso espesso compacto*. Mas a sequência do enunciado acaba por formar um todo muito mais complexo, marcado por contradições surpreendentes e inesgotáveis, na tensa teia que se arma à medida que se somam as acepções opostas do termo alemão nos seus diversos empregos nominais e verbais. De repente, denotações arbitrárias de uma palavra em estado de dicionário passam a significar outra coisa muito diferente, não pela relação que teriam com uma eventual realidade visada, mas pelo modo como se enquadram, coesamente, no contexto do poema, o que, sem eliminar as referências, as torna ambíguas e problemáticas. As relações semânticas mútuas se fazem necessárias, e um enorme clarão se abre pela harmonia das tensões contraditórias incluídas no mesmo espaço contíguo, em que se concentra a atenção do leitor.

E por fim se mostra, assim como o escuro se faz claro, a cortante ironia, tão inesperada como tudo nessa intrincada rede semântica que resulta da tessitura das oposições, postas no entanto em continuidade no espaço ao mesmo tempo cerrado e vazado do texto. Ele as encerra para abri-las.

O núcleo das contradições, central ao poema e ao livro todo, é justamente a ideia da poesia como imagem inclusiva e complexa em que o aberto e o fechado convivem em tensa harmonia, em que a escuridão cerrada pode virar luz, em que o segredo, que se guarda pela trama das palavras, se deixa contraditoriamente transpirar.

Numa forma que marca tanto o limite e se quer seca e compacta, o poema, "rente à água", é, paradoxalmente, na poesia de Sebastião, um espaço de líquidos, de águas misteriosamente emendadas, em que a consciência se liquefaz, e o Eu e o mundo se misturam. Espaço permeável de vasos comunicantes, ambíguo como os olhos, penetrados pela realidade de dentro e de fora, onde, com efeito, o interior e o exterior se confundem, a figura e o reflexo se baralham, a sombra e a luz se entrecortam em desconcertante claro-escuro.

Como o corpo, que a doença torna suspeito, ele é o espaço da vazão dos licores claros e soturnos, o lugar da espreita. Ali se forma e pode vazar esse fluido imaginário e secreto a que por dobras, sombras e vieses — inferno da linguagem — nos conduz o poeta: o que, por fim, simplesmente chamamos poesia.

PROSA DO SERTÃO E DA CIDADE

1. O sertão em surdina*

> O estilo se suspende diante do que até então tinha sido tratado em namoros com o tom sublime; e interrompe o sentido, suprime fechos, se acaba em surdina.
>
> Vilma Arêas, *Rachel: o ouro e a prata da casa*

Uma jovem professora, em férias na fazenda da avó que a criou, ajeita ao lado da cama o lampião de querosene e alguns livros lidos e relidos. Daí a pouco Conceição recomeçará a leitura, atravessando a noite, até que os resmungos da avó a interrompam pelo adiantado da hora. Momentos antes, fazendo as tranças, demonstrara apreensão, ao interpelar Dona Inácia sobre a falta das chuvas. Março principia, e a avó, com os olhos ainda confiantes no alto, está rezando para são José; vista da janela, a lua limpa dá sinal da estiagem que promete persistir além do esperado. O inverno,

*Publicado no *Jornal de resenhas*. Discurso Editorial/USP/Unesp/*Folha de S.Paulo*, nº 74, 12 maio 2001.

estação das águas, tarda a chegar ao sertão de Quixadá, já desolado pela seca.

Assim se pode resumir a cena inicial do primeiro romance de Rachel de Queiroz, *O quinze* (1930). O livrinho era fino e espantoso: a autora era quase uma menina com seus dezenove anos, mais jovem do que a professorinha da ficção. Surpreendeu por isso, mas também pela qualidade literária, reforçando a dúvida sobre sua identidade. Graciliano Ramos julgou ser obra de barbudo; Agripino Grieco duvidou do gênero, mas do gênero literário, pois não sabia dizer se se tratava de romance.

À primeira vista, Rachel dava continuidade à literatura da seca. O tema vinha dos românticos, alastrou-se na crônica jornalística e, na esteira do naturalismo, em romances de fins do século XIX e começos do XX; recebeu impulso decisivo rumo à consciência crítica dos problemas brasileiros com *Os sertões*.

Era José Américo de Almeida quem podia parecer próximo, voltado para a renovação modernista, sobretudo pelas ligações com o grupo do Recife e o manifesto de Gilberto Freyre em 1926. Mas *A bagaceira* (1928) ficou distante. A retórica balofa, o sentimentalismo, o tom de panfleto, quase tudo a afasta da jovem romancista.

Rachel tampouco se filia aos rumos da prosa da vanguarda, mas dependeu das perspectivas abertas pelo movimento de 1922. Formada em casa de intelectuais, ligada ao jornalismo e à política, conhecia decerto a tradição local e os ecos do modernismo.

Não se deve ignorar, porém, o seu enraizamento na tradição literária nordestina. As raízes na terra natal alimentaram sua formação e deram o feitio singular da narradora, marcada pela experiência, pelo modo de ser e pela tradição oral da vida cearense.

A combinação das formas da narrativa oral com o romance, gênero moderno, dependente do livro e da leitura solitária, responde pela fisionomia particular que caracteriza *O quinze*. A fusão das formas é a base de seu trabalho de arte.

Considerava-se a literatura da seca uma de nossas manifestações literárias mais originais. Era a opinião de Tristão de Ataíde, que redimiu *O quinze* da massa de romances da época, por revelar, "em sua autora, um autor". Para o crítico católico, não era claro o lugar da mulher na cultura brasileira, e a metafísica de menos pesava mais que as qualidades da romancista.

A questão não é exatamente a de gênero; o ponto de vista feminino está aqui associado à construção literária. Não se trata de um ponto de vista colado ao livro por uma mudança na consideração da mulher em nossa sociedade, mas da experiência histórica de uma situação nova, com a força e a autenticidade das coisas vividas, sedimentada na forma literária do romance. É pela forma artística que se percebe a novidade da experiência, cuja sedimentação formal, pelas mãos da narradora, renova o ciclo da seca.

O pequeno livro de ar despretensioso, magro e ligeiro de porte, como foi visto então, mantém o viço de uma verdadeira obra de arte, com poder de revelação sobre a complexidade da vida brasileira até no fundo do sertão, atingido pelas catástrofes naturais e pelos movimentos da história. Manifestava, já pela adoção da perspectiva feminina, uma nova percepção da mulher e da realidade sertaneja, cujas mudanças são também condicionadas pelo processo geral de modernização do país. Esse processo mais amplo se exprime na novidade formal do romance, cujo modo de ser inclui a dimensão problemática da experiência a que ele dá forma, permitindo, ironicamente, por sua expressão rica e contraditória, uma visão crítica do próprio processo histórico que o condiciona.

A novidade de *O quinze* depende da conversão da personagem feminina em sujeito, e não em objeto da narrativa. O modo como o consegue é a questão. Trata-se de uma virada da perspectiva literária, coadunada a uma profunda mudança histórica; tem a ver com o horizonte brasileiro no raiar da década de 1930, mas não se reduz a isso e tampouco é mera ilustração do processo histórico.

O que se tem aqui é a forma artística, particular e concreta, de uma experiência humana complexa, encerrada num meio primitivo, aparentemente afastado de toda civilização (o que não é verdade), no momento da catástrofe climática. Tudo experimentado viva e expressivamente na prática pela artista: um universo transposto com precisão e coerência ao plano literário.

Nele o assunto da seca perde peso, para ganhar complexidade e alcance. O texto sai enxuto de carnes, reduzido a capítulos curtos, de corte abrupto, ora apagando-se, como no cinema do tempo, ora suspensos de supetão. À mudança externa corresponde outra na estrutura do enredo: a ação rala nunca se completa direito, inacabada e aberta; dá asas à imaginação. Lacunar e arejado no andamento geral, mas preciso no pormenor, resulta esbatido no todo como se o sertão acabasse por se aninhar na intimidade lírica de Conceição.

Sem deixar de ser fiel às figuras humanas, à paisagem, aos costumes e à linguagem da região, Rachel incorpora com vivacidade a fala comum do meio cearense, para abordar questões sérias e complexas, unindo o social ao psicológico de um ângulo novo, que é o do olhar deslocado de uma leitora solitária.

UMA LEITORA NO SERTÃO

Na verdade, nenhum resumo pode sequer alcançar a poesia que suscitam as imagens iniciais do romance: a cena doméstica, rodeada pelo sertão ressequido.

A imagem da jovem leitora, no isolamento do quarto, ressalta sobre todas, contrapondo-se à ameaça que vem do mundo exterior. A delicada figura se forma aos poucos, entremeando-se a pequenos movimentos no interior da casa de fazenda do Logradouro, no Ceará, onde se acham as duas mulheres: Conceição faz as tranças, conversa com a avó, ceia em silêncio, dirige-se ao quarto, olha a lua pela janela, vai até a estante em busca de um livro.

A naturalidade é o que se nota primeiro. Reina uma absoluta ausência de ênfase na linguagem, despida e próxima da fala corriqueira. Os diálogos são curtos, a descrição sucinta, quase se ouve o silêncio.

Na prosa sóbria, notam-se raros termos regionais, ajustados ao ambiente, sem apelo ao pitoresco. O interior da casa parece despojado, lembrando a escassez da paisagem fora; dentro, os gestos são comedidos; mal se entrevê a sutil apreensão que vai tomando conta das duas mulheres, na falta das chuvas. Tudo é vivo, mas nada chama a atenção: o foco só se concentra sobre a leitora solitária.

Um sumário nos dá o retrospecto da vida da moça. Nas férias da escola, ela vem ter sempre com a avó, de quem recebe afeto e cuidados. A normalista de 22 anos parece ter nascido para solteirona, acostumada "a pensar por si, a viver isolada", entregue às leituras e às ideias — até socialistas —, condenando-se ao insulamento, ao optar pela independência e pelo destino diferente do das moças do lugar.

O livro não apresenta uma história; antes se abre pelo descortino de uma interioridade em contraste com o exterior. No conflito latente entre essa interioridade e o sertão, revela-se o desacordo entre uma alma e o mundo — eixo que ordena a construção do romance.

A imagem da leitora solitária é a matriz de toda a organização formal; nela já se desenha a configuração total do enredo como uma unidade de sentido. A partir dela, vê-se que os conteúdos anímicos dão a dinâmica própria da narrativa e constituem o verdadeiro objeto da composição literária.

A narração, concentrando-se no interior da leitora, atua primeiro como revelação lírica. Ganha ainda intensidade maior mediante a linguagem descarnada, sugerindo o modo de ser independente: de um lado, a "seca, com aquele sol eterno"; de outro, "Conceição, com sua indiferença tão fria e longínqua".

É como se Conceição tivesse tudo aquilo de que necessita, dispensando qualquer contato com o mundo que a rodeia. Parece sentir-se integrada na passividade de uma reclusão em que a alma apenas depende da própria alma para viver.

No decorrer do livro, a seca não atinge do mesmo modo a todos: a moça e a avó escapam de trem, enquanto Chico Bento e a família, sem posses para as passagens, se veem obrigados a enfrentar as piores agruras do cansaço, da fome, da sede, da perda dos entes queridos, na fuga a pé, sob o sol inclemente.

Só através da solidariedade à miséria dos retirantes Conceição afirmará um vínculo com o mundo de fora. Centrando sobre ela o foco, o romance se desenvolve sobretudo como análise psicológica. No sertão os caminhos são muitos e nenhum; são errância e não podem corresponder à necessidade vital que a faz refugiar-se no exílio interior.

Nenhuma das possibilidades existenciais do repertório tradicional das moças do lugar — amor, casamento, família — pode movê-la, pois para ela tudo parece estar decidido de antemão, encadeada como se acha à resignada solidão e a um precoce desconsolo.

Conceição murcha ou definha desde o princípio, de modo que terá contra si o tempo, desgarrando-se em sua busca errante, à medida que ele passa. Assim, encontrará na paisagem ressequida um espelho moral de si mesma, imagem de seu ressecamento interior.

É a personagem quem aqui imita a escritora, não porque esteja escrevendo um livro sobre pedagogia ou tenha rabiscado dois sonetos, mas porque a paixão da leitura, que a torna única em seu meio, é o acompanhamento natural para alguém que se observa e experimenta a vida à maneira de um escritor. A atitude estética diante da existência nasce de sua opção de vida. O romance vai sendo moldado enquanto forma artística a partir da escolha ética inicial, que afasta Conceição do ambiente. Nada mais oposto à sua interioridade do que o meio em que lhe toca viver.

No entanto, o destino da leitora isolada no quarto, na calma da noite sertaneja, se mostra paralelo ao acontecimento em curso na natureza, a que se vão enredando, de forma análoga, as demais personagens.

Assim surge Vicente, às voltas com o trato do gado faminto em meio à terra esturricada. Vive perto da prima Conceição. A relação amorosa entre eles dá a impressão de repetido desacerto, apesar dos gestos de aproximação. Do seu reduto, a moça julga o tempo todo o pretendente a namorado, afeito ao mato. Vicente, forte e tenaz no trabalho contra a seca — oposto ao irmão, promotor no Cariri —, percebe a distância de Conceição e vai se retirando, simbolicamente envolto na poeira que por fim o leva de vez para longe dela.

Mais adiante, encontra-se Chico Bento, que, a mando da fazendeira desanimada da luta, deverá abandonar à míngua o gado e seguir com a família a triste sina dos retirantes rumo a Fortaleza. Com ele, a história se abre para o social e a amplitude do sertão.

Serão esses os elos de Conceição com o mundo sertanejo; eles a puxam para fora de si mesma, sem corresponderem às aspirações de sua alma, a plenitude de vida que o tempo a uma só vez encarna e afasta do alcance de sua busca.

Desde o princípio, o elemento épico só se vê a distância, confundido com o espaço do sertão. Por isso parece relativamente ralo, e mesmo ao longo da fuga de Chico Bento, em momentos fortes e pungentes, tende a mostrar-se abafado, como a natureza no fundo do relato. A moça nunca permanece de todo alheia a essa realidade externa a que acaba enredada por vários fios da história.

Rasante à secura do assunto, quando se estende pelo sertão, a prosa recolhe em surdina os acontecimentos de fora. O sertão em surdina é o ponto de partida e a perspectiva principal do romance.

Arma-se, pois, o contraponto entre a subjetividade lírica e o espaço épico, a terra erma onde até o tempo é espaço, espacializando-se tudo quanto nela se passa: as "estórias", como dirá Rosa, e a história.

Mas a seca traz também consigo o movimento perturbador de um outro ritmo que a todos liga e, ao mesmo tempo, separa: repercute dentro do mais íntimo desde o primeiro instante; resseca o destino de todos, ao reduzir tudo por fim à terra estéril, antes do retorno da chuva.

Vira então o mito da seca, a fábula exemplar que inclui Conceição como figurante, herdeira de destroços, mãe igualmente estéril, cujos sonhos murcharam com o tempo. A natureza, espelho último do ser, guarda perdida sua própria face.

É que para ela a seca, com seu estirão de desgraças, foi um meio de ler o mundo e de buscar-se a si mesma. No espaço deserto, buscou o sentido fugidio de sua existência, selado, desde o começo, na solidão da leitura.

Daí nasce ressequido o romance da desilusão: relato moderno da moça independente, emancipada e infeliz, que só tem por companheiro o livro em sua travessia solitária.

A VOZ DE RACHEL

Desde logo se destaca um dos feitos fundamentais de Rachel: o sábio aproveitamento das formas da oralidade. Sua narração é muito simples e sem discrepâncias da fala culta comum; vem limpa de cacoetes regionalistas, mas perfeitamente integrada às necessidades concretas de expressão de suas personagens e de seu mundo ficcional.

Mas o decisivo é que a voz narradora, em terceira pessoa, atua como se pudesse ser um desses seres, de modo que do ponto de vista autoral se passa naturalmente à subjetividade da personagem, por meio do estilo indireto livre, próximo do monólogo interior — as mesmas armas de que disporá Graciliano, para contar por dentro a experiência de seus retirantes quase sem palavras, resumidos às suas *Vidas secas*.

Cria-se entre Conceição e a voz da narração um elo mimético, em notável jogo expressivo: uma atmosfera aconchegante aproxima o leitor dos estados de ânimo e das reflexões da moça. Modulam-se, a partir da subjetividade de antemão desiludida, os rumores dramáticos que vêm do mar enxuto, a épica do sertão.

Os ruídos da catástrofe ecoam na concha solitária, o quarto de Conceição. Aí, abafado na intimidade, o vasto mundo. O sertão — espaço também da tradição oral e fonte do narrador — chega ao lugar da experiência individual. Com sua história, apenas pressentido pelos sinais fatídicos da natureza. Só depois se patenteia em palco aberto: a terra estéril da tragédia de Chico Bento.

A mudança decisiva de eixo e perspectiva elimina os velhos descompassos do romance regionalista: as diferenças de classe, de saber e outras entre o narrador culto e o falar rústico das personagens, vício sintomático de cisões mais fundas entre o narrador e um universo do qual ele realmente não faz parte ou ao qual busca ter acesso por meios indiretos.

Ao contrário do narrador tradicional, nela se observa a novidade do ângulo que identifica a voz narrativa à expressão íntima, porque é parte do mesmo universo, voz que nasce da própria terra e faz parte dela quando se distancia para torná-la objeto da narração. O trato linguístico que converte uma linguagem estufada pela retórica no instrumento rente ao real é trabalho de miúdo artesanato: depende da aprendizagem, da observação do meio, da leitura refletida de mestres distantes. É obra de uma narradora nata, capaz de transformar a experiência há pouco acumulada em matéria e arte de sua narrativa.

A fina arte de Rachel dá a impressão paradoxal de coisa tosca em sua simplicidade. Lembra — notou com agudeza Vilma Arêas — o universo do trabalho manual, como se a narradora fizesse obra de rendeira de bilro, ou tecesse os fios da escrita feito Conceição as tranças ou sua avó a renda, devolvendo o texto à sua origem metafórica de objeto tecido. O trabalho de arte parece produto saído da convivência comunitária e da sociedade pré-capitalista, fruto primitivo da região. Ao mesmo tempo, pela personagem feminina independente e emancipada, segue o curso dos tempos modernos que fizeram das professoras, desde o final do século XIX, agentes do processo de modernização da sociedade brasileira, cujas bases a certa altura pareciam depender desse específico "trabalho de mulher" a que se viu ligada a imagem do magistério.

A simplicidade tão à mostra do livro dá lugar a uma complexidade guardada com recatos de sertaneja. Ela decorre das contradições entre a simplificação do estilo e as exigências do desenvolvimento temático, pela mistura de elementos tradicionais e modernos que correspondem a temporalidades também diversas e contraditórias, como se observa no paralelismo, de tanta força poética, que aproxima a interioridade moderna e fria de Conceição à paisagem primitiva e calcinada do sertão.

A tudo acompanhará solidário o olhar da romancista. Rachel fala de dentro de seu mundo como quem sabe. Revela um desejo de conhecer para compartilhar, fazendo da ficção o instrumento do olhar que mergulha no outro para exprimi-lo como parte de si mesmo. Com isso, abre caminhos para experiências mais radicais, como a de *Vidas secas* e a do mundo misturado de *Grande sertão: veredas.*

O título de seu livro remete à grande seca de 1915: indício importante do processo de composição, pois que evoca, pela redução metonímica da data à expressão *o quinze*, a catástrofe latente na memória nordestina. Pela idade, a autora não poderia ter vivido os fatos dramáticos que transformaria na matéria de seu romance. Mas Rachel trabalha com os acontecimentos sedimentados na memória social da região, ligados à experiência da narradora que ali se formou. Assim conseguiu dar expressão, de um ângulo pessoal, ao drama da região de modo a torná-lo reconhecível no detalhe concreto e no mais íntimo e, a uma só vez, transfigurado em universo de ficção de valor simbólico geral.

A tudo Rachel imprime de fato a sua "marca de casa", à maneira de Conceição, no romance. E o que resulta é sóbrio, benfeito, na medida certa.

É que se guia pelo senso prático da narradora, e sabe tornar concreta na expressão a secura real do sertão. Para tanto, depende do procedimento moderno da simplificação, manejado com a perícia da artesã de poucas palavras: talho justo na matéria agreste. A experiência histórica, acumulada na memória regional, ressurge então fundida na forma particular, concreta e nova de sua narrativa: memória coletiva esbatida na câmara íntima da heroína individual.

A seca de 1915 se foi, e depois dela outras, repetindo-se o drama dos desamparados, que são sempre os pobres; a literatura da seca mais parece agora velharia. *O quinze* guarda, entretanto, o verdor de resistente juazeiro: enigma estampado a seco.

O SERTÃO E O LIVRO

O romance, observou Benjamin, convida o leitor a refletir sobre o sentido de uma vida. Narrativa da era moderna, conta a história da travessia solitária de um herói cuja existência pode aquecer com sua chama a alma de um leitor também isolado pelo ato da leitura. Aqui é esse destinatário ideal o foco de interesse do próprio romance.

No *Dom Quixote*, na origem dessa história, a situação do leitor já está na raiz do gênero. É essa a condição da leitura moderna, que o romance glosa, espelhando sua própria gênese, oposta à tradição oral em que beberam as outras formas de narrativa.

A novidade de *O quinze* é trazer essa condição moderna da leitura e do gênero para dentro da região do atraso, problematizando-a, sem abdicar da tradição da oralidade, em sua simplicidade artesanal, ao avançar na direção de uma heroína desanimada da vida, cuja modernidade é dada de antemão por sua condição de leitora.

A busca moderna pelo sentido penetra na intimidade do sertão, espaço desértico do percurso solitário da jovem leitora que se prepara para viver, ou para aprender a viver, que é o viver mesmo, como dirá um Riobaldo desacorçoado. Muito diferente dele, porém, que repassa o vivido, ao abrir-se *O quinze*, Conceição, sem ter ainda vivido, já traz a marca do desencanto do mundo.

O desejo de esclarecimento e emancipação, que a caracteriza, se liga ao gênero de narrativa com que se veicula o percurso de sua vida. Mas também ao processo histórico que, mesmo em meio à região atrasada, se faz presente até nos interiores do homem.

A heroína de *O quinze* faz parte do mundo mais amplo, além mesmo do sertão, e indicia esse processo, insulada no espaço da interioridade; as transformações por que passa sua existência, à primeira vista atrelada apenas a uma região específica, na verdade apontam, de forma particular, com o halo simbólico que lhes confere o tratamento artístico, para um processo muito mais geral, relativo a todos nós.

Contra o escuro, a figura da professorinha alumiada pela luz tosca se recorta com nitidez por força da delicada poesia, e nos deixa vislumbrar a complexidade de um destino que é o seu, mas também o nosso. Destino problemático, com a marca do desencanto, a cota de infelicidade que paga o preço da modernização.

A força literária que vem do livrinho tem a ver com o que, em sua sobriedade, revela de todos nós enquanto participantes de uma experiência histórica similar, até nos fundos mais obscuros de nossa alma.

No Brasil, nós nos voltamos para o sertão quando desejamos saber quem somos ou para formular as perguntas para as quais não temos as respostas. Retornamos sempre à terra achada e mesmo ao antes dela: à natureza bravia que não sabemos o que foi ou quando começou, às vezes considerada uma barbárie primitiva — na verdade, inventada pela ideologia dos que vieram depois, em nome da civilização. Desejamos o que permaneceu dentro de nossas cidades e de nós mesmos como a contraparte possível de outra música intocada. E tudo por conta da experiência moderna, que nunca se livrou por completo do que veio antes e nunca foi tão civilizada quanto propaga ser, sendo mais bárbara, tantas vezes, do que os bárbaros que pretendeu desterrar.

O quinze retoma a busca de um fio perdido no desertão onde de algum modo ficou retida nossa alma, ao perseguir errante seu destino histórico, tão deficiente e mal cumprido.

Por isso tudo, dito com despretensão, em surdina, na voz de uma mulher, está tão vivo e nos toca tanto.

2. O cerco dos ratos*

Naziazeno Barbosa precisa de 53 mil réis para pagar a conta do leiteiro e sai pela cidade — uma Porto Alegre do começo do século — para cavar o dinheiro. Tem filho pequeno, pode até dispensar a manteiga, mas não o leite, como lhe diz sua mulher, depois da altercação de manhã com o credor furioso.

Como num lance de jogo, a narração seguirá as andanças desse pequeno funcionário público, movido pela mais estrita necessidade, durante um único dia. O retorno à casa com alguns cobres, já noite feita, o leiteiro pago e o jorro cantante do leite, na madrugada seguinte, encerram o círculo de uma narrativa paranoide, marcada pela busca obsessiva que raia pelo delírio, sem que, afinal de contas, se resolva o problema mais geral da existência de Naziazeno.

E assim, em 28 capítulos curtos, apareceram, em 1935, *Os ratos*, de Dyonelio Machado, dublê de escritor e psiquiatra, cuja obra mais representativa é parca, mas instigante e, pela aparente desigualdade do conjunto, continua desafiando a crítica.

*Publicado em Dyonelio Machado. *Os ratos*. São Paulo: Planeta, 2004.

Trata-se de um romance breve, concentrado, surpreendente pela originalidade saída do mais prosaico, com perfeito equilíbrio entre os elementos psicológicos e sociais, explorados em profundidade, numa forma simbólica de longo alcance. Na época da publicação, ganhou o prêmio Machado de Assis; não encontrou, porém, os seus leitores. Na verdade, nunca teve o êxito merecido, talvez pelo sombrio do assunto, pela perspectiva pessimista, pelo corte seco, mas nada disso se justifica de modo algum, e se torna urgente relê-lo.

Os anos se escoaram, e o livro continua forte, entre o que há de fundamental na prosa de ficção brasileira, sendo exemplo bom até hoje de como se pode tratar de problemas humanos básicos da vida em sociedade sem cair no naturalismo rasteiro, nos modismos fáceis de linguagem e na mera reprodução das formas de brutalismo e violência que infestam nossas cidades, degradando nossa existência. Para melhor sentir e avaliar a garra da construção, a contundência e o viço dessa história tão cinzenta, é preciso compreender por dentro o traçado de seu caminho, que constitui também o destino problemático de um anti-herói moderno. É pelas pegadas esquivas dos passos dele que entramos a fundo em perplexidades reveladoras de nosso tempo, demonstrando a força de conhecimento, sugestão imaginativa e sopro de poesia que pode alcançar a literatura quando benfeita.

A ARTE DA EXPRESSÃO

Desde o início, o leitor percebe que Naziazeno poderia se enquadrar no título do primeiro livro de contos de Dyonelio: *Um pobre homem*. Por essa fisionomia do personagem principal e pelo viés temático que adota, o romance logo sugere afinidades com a narrativa russa do século XIX, na linhagem dos descendentes do Gogol de "O capote", com o sonho esmagado de seu pequeno burocrata numa Petersburgo triste e hostil, ou com os "humilhados e ofendidos" de Dostoiévski e mesmo com os "caminhos cinzentos" dos personagens de Tchécov. A leitura dos russos deve ter sido de fato importante na formação do escritor. Mas o tratamento estético que Dyonelio imprime à sua matéria e, em especial, ao ambiente em que se desenrola sua história nos traz de volta aos começos do século XX e a tendências artísticas modernas, que soube aproveitar numa forma própria, bastante específica, com penetração aguda no contexto brasileiro de seu tempo.

Narrada em terceira pessoa, aparentemente de um ângulo neutro, a princípio se poderia pensar que a história se resumiria ao estudo de um caso psicológico, tratado a distância como um objeto de estudo, nos moldes de um romance naturalista que se limitasse à observação rente ao real. Embora por vezes se possa perceber algo dessa matriz, quando contemplamos a figura do pobre homem debatendo-se com seu problema num círculo sem saída, não é isso o que se verifica de fato, mas um procedimento muito mais complexo. Na verdade, desde seu começo, o livro chama a atenção pelo modo como apresenta literariamente a realidade através das relações entre a interioridade de Naziazeno e o mundo exterior.

Já na primeira cena, nota-se que a história se subjetiviza segundo a perspectiva do personagem, mediante as formas de narração do estilo indireto livre, que moldam o mundo conforme o prisma de quem o vê. No momento do conflito com o leiteiro e a mulher, nota-se a atitude volitiva de Naziazeno, beirando a agressividade, que se acentua ainda mais exatamente quando desiste do essencial, para se reduzir à impotência de sua extrema penúria. Ao atingir o fundo da fraqueza, mostrará o desfibramento moral que o caracteriza: ele se verá obrigado a transferir à esperteza de outros a solução de seus problemas, com os quais pactua para poder sobreviver. Mas sempre se revela o movimento de sua vontade interior: ele ora assume em si a realidade em torno, subjetivizando-a, ora se projeta sobre ela, autossugestionando-se nos círculos concêntricos da mesma ideia fixa. Em todo caso, o fundamental está dado na relação que ele mantém com a circunstância, no seu confronto direto com o real.

Ainda que Dyonelio não nos deixe esquecer a presença constante de uma espécie de autor implícito, que corrige com frequência a expressão livre do personagem com aspas nos termos que parecem fugir um pouco da linguagem esperada, o certo é que acompanhamos sobretudo pelo olhar de Naziazeno sua caminhada pela cidade, por isso mesmo deformada de algum modo por sua visão subjetiva, produzindo-se por vezes imagens alucinatórias ou delirantes, que parecem corresponder às tensões opressivas que ele experimenta em seu íntimo e que chegam até nós como figuras refletidas num espelho anamórfico. A *deformação*, categoria central da arte expressionista, torna-se, portanto, um princípio fundamental da construção do romance. E dela depende em profundidade a configuração do espaço ficcional.

A aventura de Naziazeno se passa numa cidade grande já bastante complicada, mas provinciana. A cidade se tornou, como se sabe, o espaço da experiência moderna; entretanto, a formação das grandes cidades brasileiras estava no começo ao tempo dessa história, pois não tinha ocorrido a explosão de crescimento que geraria as grandes metrópoles do industrialismo, à semelhança de São Paulo já no fim dos anos 1920; os efeitos da expansão demográfica e da urbanização desregrada são tímidos, conforme se vê pelos traços aí descritos, uma vez que o processo de modernização, recente no Brasil todo, não havia atingido ainda seu apogeu no extremo sul.

Outro artista gaúcho, contemporâneo de Dyonelio, Iberê Camargo, que com ele tem afinidades na arte da expressão e no sentido da existência como dolorosa caminhada, lembrava como ainda em 1940 Porto Alegre era uma cidade provinciana e conservadora, do ponto de vista dos ideais estéticos modernos.[12] Isso não impediu, no entanto, que Dyonelio chegasse a uma forma despojada e inovadora do romance urbano entre nós, o que em parte se deve ao modo como tratou o seu personagem e o espaço da cidade, inspirando-se provavelmente nas ideias estéticas da vanguarda do começo do século, já bastante divulgadas nessa época.

Com efeito, no romance a cidade não se apresenta em seu aspecto externo organizado que poderia resultar da descrição de um narrador que dela tivesse um completo domínio topográfico; ao contrário, ela se dá a ver tal como é vivida por dentro, no corpo a corpo que o personagem central trava com ela, em suas andanças, em busca do dinheiro. Surge então, dramaticamente recortada com suas arestas do emaranhado dos passos de Naziazeno, no seu repetido vaivém da repartição ao centro, nas suas perambulações pelos cafés, na sua ronda dos bancos, na sua errância pelas ruas. Estas raramente têm seus nomes declarados — Sete, Ladeira, Santa Catarina —, e são poucos os marcos referidos — as docas, o mercado, a Igreja das Dores, o Hotel Sperb, o Restaurante dos Operários —, mas esses poucos elementos e uma variedade de outras ruas, praças, avenidas, casas e bancos sem nome, toda a arquitetura variada, mais "ondas de automóveis e bondes", e ainda os transeuntes que "derivam com a força da água corrente" criam a atmosfera viva da Porto Alegre do tempo, que ora parece ameaçar opressivamente Naziazeno, como um bloco inteiriço ou pelas brechas do tempo que se escoa e pode ter "a cara redonda e impassí-

12. Cf. Iberê Camargo. "Um esboço autobiográfico". Em *Gaveta dos guardados*. São Paulo: Edusp, 1998, pp. 172-3.

vel" do relógio da prefeitura, ora se mostra como o lugar da solidão e da estranheza, da rua que parece outra, do deserto onde ele se perde e sonha em vão com o retorno à casa.

O relato acompanha a odisseia terra a terra do anti-herói pela cidade, na verdade um homem pobre, não completamente radicado no espaço urbano, pois sente ainda a nostalgia da vida do campo, que ele parece imaginar mais encantadora, farta e melhor do que ela jamais foi. A todo momento, Naziazeno deixa rastros desse sonho idílico que ainda o acompanha. Entretanto, ele erra solitário ao acaso no labirinto das ruas, em busca da pequena quantia que parece cada vez mais impossível de obter à medida que o tempo se esvai e se esgotam os pequenos expedientes de quem, a cada lance, só pode partir de nada e ao nada sempre volta.

O tempo, que os latinos compararam alguma vez a um rato, rói as horas contra o empenho desse homem perseguido pela própria privação. Ele se entrega à busca sem parada e sem termo, até o regresso à casa, durante a noite, quando se acha completamente tomado pela ideia fixa e chega a sonhar com os ratos roendo-lhe o dinheiro.

A ironia trágica dessa situação, quando a solução parece avizinhar-se, é um dos aspectos mais impressionantes do livro, cujos círculos concêntricos vão apertando à medida que o tempo foge, a realidade parece que se enruga contra Naziazeno e cada vez mais distante e inalcançável fica o valor pelo qual ele luta em vão. E o pior é que a constrição se estende do chão material ao mundo interior, e deste de novo se projeta no exterior, numa implacável circularidade.

ÀS VOLTAS, NO CÍRCULO

No círculo fechado, que é também o da interioridade de Naziazeno, os tormentos se multiplicam como esses animais que aos poucos vão invadindo, dissimuladamente, o espaço ficcional do romance e acabam por tomar conta até do espírito de seu personagem central. De algum modo, eles parecem encarnar concretamente a angústia de quem se vê encerrado no cerco constrangedor, inexorável, de uma dívida que não se redime sequer com o pagamento material, pois é também moral, atingindo a condição mais íntima do ser, encalacrado num trágico isolamento, sem evasão possível.

Um dos maiores acertos artísticos de Dyonelio foi ter encontrado uma imagem analógica, um "correlato objetivo" para o universo emocional de seu personagem através dessa metáfora animalesca, que dá concretude ao drama moral, ao mesmo tempo que se alastra numa verdadeira cadeia metonímica — os indícios de rato que se multiplicam por toda parte, nos olhares esquivos, nas ações entrecortadas, nos gestos miúdos, nos aspectos do corpo, na cor das vestimentas —, até se configurar como um símbolo complexo e aterrador da verdadeira condição do homem acuado.

Realmente, o arraigamento desse símbolo poderoso é de tal ordem na estrutura da obra que vai mesmo além da linguagem figurada e dos modos de dicção, para se aprofundar na constituição da sintaxe e no movimento do estilo: é que o próprio discurso mimetiza a figura do rato, tornando-se entrecortado, miudinho, entranhando por assim dizer na tessitura fina do texto o gesto animalesco. Essa progressiva intromissão do reino animal na terra dos homens mostra uma rachadura da realidade por onde penetra o grotesco terrível em nosso mundo, tornando-se avassaladora à medida que chega ao próprio modo de ser do discurso.

O conteúdo imagético se torna, portanto, um meio de expressão decisivo, abrindo enorme halo significativo a partir da forma que toma o romance, até nos mais ínfimos detalhes particulares. É que essa epopeia rebaixada de um cidadão comum que luta pela sobrevivência, durante um dia inteiro, no cotidiano banal de uma cidade em processo de modernização, assume sua surpreendente dimensão trágica com apoio nessas ações diminutas em que se fraciona a sua existência. A consequência material da opressão social se materializa, desse modo, até no estilo, tornando-se um princípio constitutivo da estrutura e, por isso mesmo, ganhando admirável raio de ação simbólica, pois se mostra como a forma adequada para tal grau de opressão.

Percebemos, então, a cada passo entrecortado de Naziazeno, o quanto ele é oprimido e o quanto está isolado em sua caminhada. E esse isolamento tem ainda a sua força aumentada pelo modo de tratamento a que são submetidas suas ações: elas são como que o resultado amesquinhado, materialmente esfarelado, de uma existência roída pela necessidade, e parecem glosar mimeticamente, reforçando, através de cada fração metonímica que as prende ainda à imagem simbólica do rato, a inexorabilidade trágica de seu destino.

Assim, o discurso segmentado com que se arma a narrativa, ao qual se soma até a brevidade dos capítulos, potencia o poder de significação da cadeia miúda dos atos e dos indícios de rato por toda parte, fechando o cerco sobre Naziazeno, implacavelmente.

ENTRE A NECESSIDADE E O ACASO: O JOGO PERVERSO

A situação material de penúria relega o ser ao domínio da necessidade bruta, fazendo dele uma espécie de joguete da sorte. O pobre-diabo, obrigado pela falta de dinheiro, tem de enfrentar o drama humano básico: a luta desesperada pela sobrevivência, cuja única saída aparentemente só pode ser encontrada por um golpe do acaso. Mas Naziazeno está condenado de antemão a um jogo perverso: quem nada tem deve arriscar tudo.

O caminho que o romance adota para exprimir isso é o que

demonstra mais uma vez sua qualidade artística. A narrativa incorpora na materialidade dos recursos de linguagem a solução formal mais adequada ao conteúdo que busca expressar, ao converter Naziazeno de objeto de um jogo do qual ele não tem o domínio em jogador deliberado.

De fato, a certa altura ele perde os 5 mil-réis que consegue a custo obter emprestados com um conhecido para pagar o almoço, ao arriscar a sorte numa roleta clandestina, escondida no fundo de uma tabacaria. Joguete do destino, ele que costuma apostar na corrida de cavalos e no bicho, em que perde também nesse dia, se lança no jogo propriamente dito. Ganha mais do que precisa e tudo perde novamente, conforme a lógica do jogo a que está existencialmente obrigado: a roleta se torna então uma imagem de sua própria existência, reiterando a circularidade em que se acha aprisionado.

Esse lance decisivo e simbólico — a existência como uma roleta é uma imagem arquetípica da tradição literária a que Dyonelio imprime uma sobrevida ao fazê-la uma extensão metonímica do próprio modo de ser do personagem — deixa-o a sós com seu destino, uma vez descartada a solução mágica de seu problema: o osso mais duro de roer que sobra por fim.

Embora ele saia em busca de uma quantia irrisória para quem a possui, ao tomar o bonde na periferia da cidade, em busca do centro e do vil metal que tanta falta lhe faz — de vez em quando o próprio sol tomará o aspecto alucinatório de uma moeda em brasa acima do horizonte —, está se sujeitando à experiência radical de buscar o sentido de sua própria existência, pois é lançado de encontro à própria sorte, reduzido ao fundo de sua condição miserável, que vai além da pobreza material.

Ser desamparado num mundo hostil, ele se vê sempre vigiado, como se o espreitassem ameaçadoramente por toda fresta ao longo de suas andanças, cobrando-se dele o que ele não pode dar.

É assim com os vizinhos no começo do livro, depois com os conhecidos incômodos que lhe atravessam o caminho, por todo lado parece estar à mercê de "olhos devassadores". E a todo instante se sente pressionado a esgueirar-se como um rato. Aí se entende que sua busca é também, ambiguamente, uma tentativa desesperada de evasão: perseguidor forçado, ele é, na verdade, um grande perseguido. O jogo é apenas mais uma das ilusões de mudança de sua situação encalacrada, mas, enquanto imagem superposta do seu comportamento obsessivo, materializa a perseguição em que ele é ao mesmo tempo agente e vítima, projetando-se como metáfora de sua condição trágica.

O DESTINO EM MÃOS ALHEIAS

O círculo infernal em que se vê lançado Naziazeno, perdedor nato na roleta da vida, não tem saída. Com sua fraqueza exposta, delega a solução de seu problema à esperteza alheia; surge então outro rato, cujo focinho, "sereno e atento", não deixa margem à dúvida: está perfeitamente adaptado a esse mundo de sobras miúdas, roído pela necessidade. Chama-se Duque e se torna um personagem marcante mesmo antes de aparecer depois da primeira metade do livro. É que se insinua sorrateiramente desde as primeiras páginas e conduz às finais, pois representa o último logro a que pode ter acesso Naziazeno. Demonstra, realmente, através de manobras sutis, a capacidade de solucionar-lhe o problema imediato, sem poder, contudo, mudar-lhe a condição essencial.

O meio adverso encerra o homem pobre e errante no círculo persecutório, brutal e degradante da busca inútil; rebaixado à animalidade, mostra-se naturalmente como um bicho acuado. Desde a discussão com o leiteiro, na primeira cena do livro, Naziazeno, com seus movimentos miúdos, tem alguma coisa de rato acossado que busca saída, escapando dos olhares pelos cantos e becos da cidade, situação que se repete conforme o ritmo obsessivo de todo o relato.

Mas há ratos e ratos, e a diferença que o separa do Duque faz dele apenas um joguete na roda do destino, pronto a transferir para mãos mais hábeis e poderosas o domínio de sua própria existência. A disseminação de traços de rato por toda a narrativa completa a saturação do ambiente pela ideia obsedante, refletindo nos detalhes concretos, até a mais ínfima porção da realidade, a deformação grotesca desse microcosmo atormentado em que se converteu a Porto Alegre de Naziazeno. A cidade deixou de ser um lugar libertário, onde múltiplas possibilidades se abrem à escolha do sujeito, para se tornar o espaço fechado da estranheza do mundo, como se fosse a confirmação soturna da noite moral numa gravura de Goeldi.

A potencialidade significativa dessa situação é decerto grande e pode ser encarada de diversos ângulos. Um imediato é o do contexto histórico-social no momento em que se produz o livro. São os anos que precederam o Estado Novo, e o romance se deixa ler também por esse lado documental, como que antecipando no miúdo das existências corriqueiras dos necessitados, presas fáceis de toda opressão paternalista, a sombra que trariam os anos cinzentos da ditadura de Getulio, "pai dos pobres". Basta pensar, no entanto, no futuro do país permanentemente devedor, às voltas com uma dívida impagável, para se perceber como a redução do significado do livro às condições de sua gênese pode ser verdadeiramente limitada, diante do raio de ação da forma simbólica do romance, válida mesmo em contextos muito diversos dos da sua origem.

A alegoria política, latente no destino diminuído desses seres degradados pela pobreza, nos interstícios da cidade que se moderniza, é apenas uma das possibilidades contidas simbolicamente no horizonte dessa narrativa. Mais radical é a metáfora da existência degradada pela alienação — apesar do desgaste desse conceito —, pela perda da própria substância humana, que acaba por reduzir o ser humano à condição inferior, à deformidade social e psíquica, confundindo-o no extremo com o animal mais vil. E a vileza do animal é a mesma do dinheiro.

Essa fábula circular e persecutória do homem acuado, cuja vigência em nosso tempo, quando a narrativa paranoide parece ir se transformando na história mais comum de todo dia, tende a se confundir decerto com a situação tipicamente kafkiana da recorrência da opressão e do constante adiamento que só um ato virtual, inexequível, poderia redimir. É sempre difícil saber o começo do peso de Kafka entre os narradores brasileiros — um contista fantástico, Murilo Rubião, cujas afinidades com o autor de *A metamorfose* parecem tão prováveis, afirmava ignorá-lo ainda nos anos 1940 —, e o romance de Dyonelio tem outros lados bem pouco kafkianos, cujo paralelo mais evidente se acha entre outros romancistas brasileiros de sua época.

No mais fundo, a narrativa das ações de Naziazeno constitui ainda um relato realista, mas refratado pelo prisma subjetivo da expressão, que supõe a interioridade do personagem capaz de deformar de algum modo o mundo de fora conforme os conflitos que vive interiormente. Opresso por eles, é levado a buscar saídas, mas sua solidão vem ressaltada todo o tempo, por mais que ele procure a comunicação com seus semelhantes. Os diálogos parecem não atingir verdadeiramente seu mundo interior, como se dissessem respeito apenas à mera exterioridade horizontal do mundo, de modo que seu isolamento íntimo, verticalizado, se torna tão terrível quanto sua impossibilidade de evasão.

Os retirantes nordestinos de Graciliano em *Vidas secas*, pressionados pelo sertão esturricado, se encaminham para o sul, a uma cidade grande, com a esperança de redimir os males de sua triste condição; o solitário Naziazeno de Dyonelio se debate inutilmente para encontrar uma saída em sua cidade no extremo sul. O romance de 1930 se tornou, entre tantas coisas relevantes, um mapa moral da geografia humana do Brasil.

3. Sertão: mar e rios de histórias*

Vou tratar de um dos nossos maiores escritores: tarefa difícil, sobretudo de forma breve. Costumo repetir, em situações de aperto como esta, uma frase do Menino (Diadorim) na hora em que Riobaldo fraqueja na canoa, numa das passagens mais notáveis do *Grande sertão:* "Carece de ter coragem. Carece de ter muita coragem".

Nosso livro realiza um impulso difuso nos romances em geral, que em grandes obras do século XX se torna uma espécie de marca fundamental: a vocação para a totalidade. Toda vez que pensamos nele, devemos pensar também no *Ulisses*, de Joyce; no *Em busca do tempo perdido*, de Proust; no *Berlin Alexanderplatz*, de Alfred Döblin; no *Doutor Fausto*, de Thomas Mann; no *Quer pasticciaccio brutto de via Merulana*, de Carlo Emilio Gadda; em algum romance de Faulkner; no *Século das Luzes*, de Alejo Carpentier, e em poucos outros mais. São obras que tentam dar uma súmula da experiência humana. Essa grandeza é que devo enfren-

*Publicado em *O Estado de S. Paulo*, Suplemento Especial "*Grande sertão: veredas* 50 anos", pp. H2-H4, 27 maio 2007.

tar. Com certeza, não vou poder dar conta dela; vou apenas ensaiar uma tentativa de leitura, que não é sequer todo o trabalho que tenho sobre o assunto. Vou tentar motivar os que ainda não o leram para que o façam; e para repensá-lo, os que já o leram, procurando estimulá-los para tanto com minha própria leitura.

Penso que, de uma perspectiva crítica, um dos pontos fundamentais do *Grande sertão: veredas*, dessa obra-prima espantosa, é sua forma mesclada. A unidade do grande livro é uma unidade poética, enigmática, resultante de uma mistura ímpar. "Muita coisa importante falta nome", diz o narrador de Rosa, num momento decisivo, e o leitor crítico, diante dele, por vezes terá de dizer o mesmo. Essa unidade, muito misturada, é o que vou trazer à tona.

Trata-se de uma mistura de formas: uma mistura linguística no plano da enunciação; depois, outra na caracterização das personagens; em seguida uma mescla de temas — que vai até o imbróglio da sexualidade ou das posições políticas em luta no sertão —, chegando à própria estrutura do enredo como um todo e, por fim, à combinatória dos gêneros literários, envolvendo o lírico, o dramático e o épico. Uma mistura de diversas formas narrativas no fluxo da narração que constitui o livro: desde o provérbio — verdadeira ruína de narrativa —, em seguida, o causo ou conto oral, até um tipo de história da juventude da literatura, que é a história romanesca de aventura, para chegar ao romance moderno, na sua versão clássica, que é o romance de formação — o romance de uma aprendizagem. Essas formas estão entrelaçadas num todo muito *entrançado*, como se diz no livro. Dele procuro dar aqui uma pálida ideia, e vocês me perdoem pelo que faltar.

Grande sertão cria de pronto um espanto; nós devemos responder a ele de algum modo. O que primeiro chama a atenção é a linguagem mesclada, às vezes insólita: as palavras raras quase nunca são neologismos; ao contrário do que muita gente pensa, a maioria está no dicionário. Serão de épocas diferentes da língua: algumas vezes, arcaísmos; outras, termos datados, não mais correntes, mas que se conservam no falar de alguma região brasileira. No conjunto, a matriz do estilo é sobretudo o falar do centro-norte de Minas. Ninguém, decerto, fala ali como o narrador que aqui nos fala, porque esse material, que o escritor documentou larga e minuciosamente, passou por uma transformação, resultado de sua rara e libérrima capacidade de invenção. Ela não deixa documento algum intacto. Há um trabalho de estilização que se impõe aos nossos olhos, desde o início, tornando ostensivo o estilo com seu peculiar modo de ser. Poucas vezes nos sentimos na presença de um estilo tão estilo.

O homem que nos fala — só saberemos seu nome depois de umas trinta páginas — se chama Riobaldo. E sua narrativa, que se abre com o travessão, vai durar quase seiscentas, na primeira edição, de 1956.

Sua fala é ininterrupta, mas como se pode notar, no primeiro parágrafo, pela frase "O senhor ri certas risadas...", há um interlocutor implícito, a cujas palavras diretas nunca teremos acesso. Estamos diante de um diálogo, mas poderíamos pensar num monólogo inserido numa situação dialógica, como numa conversa telefônica de que só se ouvisse uma parte. O interlocutor é uma pessoa letrada, da cidade; está ali examinando questões de divisas, poderia ser um engenheiro agrônomo, ou, quem sabe, um demarcador de fronteiras do Itamaraty...

Esse homem vai contar a sua vida para um interlocutor cujas marcas continuam presentes no seu discurso. A situação é muito simples: um visitante e alguém que fala. Nos três dias que deve durar a visita, o narrador fará revelações que provavelmente não fez a ninguém, pois no relato está contido o enigma da sua vida: "Conto o que fui e vi, no levantar do dia", dirá, quase no final de tudo.

Esse esquema de narração, que Rosa experimentou em outras narrativas, é um dos maiores achados do livro. Permite uma reviravolta na prosa ficcional da literatura regionalista, superando-a de vez: ele dá voz ao pobre, ao rústico, cujas palavras eram sempre glosadas na voz do narrador culto da cidade no romance regionalista tradicional, com as deformações linguísticas imitadas pela voz autoral, aqui alijada pela voz do eu protagonista. Já doente e acomodado na inação, como barranqueiro do São Francisco, proprietário de duas fazendas herdadas, Riobaldo tem o ócio disponível para contar sua vida de aventuras. Ele fala do centro de sua própria história; sua voz nasce de dentro da própria matéria que tem para contar, o que lhe garante autenticidade e uma relação orgânica entre o que conta e o como conta.

Mas a história dessa vida tarda a começar. O leitor que topa com a dificuldade da linguagem pode desanimar; às vezes, grandes leitores não conseguem ir além das primeiras páginas; se forem, não escaparão à magia, ao fascínio, à alta poesia do que então se conta. Logo depois das trinta primeiras páginas, começa uma história de amor e morte, uma história de vingança entre jagunços — um grande épico brasileiro, que é também a história de um herói individual, de um dos mais complexos personagens que criou nossa literatura: Riobaldo. Mas é preciso dar conta da peculiaridade linguística, desde o começo.

"Nonada"... O termo desconcertante exige de imediato a atenção do leitor. Desde o latim, sabemos que a dupla negação é uma forma de afirmar alguma coisa. Nonada quer dizer coisa insignificante, ninharia ou, como diz o dicionário de Moraes, "alguma coisinha", ou ainda, sobre "coisa de nonada": "coisa de nenhum ser, ou importância, ou de muito pouco ser". "Tiros que o senhor ouviu foram de briga de homem não, Deus esteja": esta frase seguinte, que traz a marca peculiar da oralidade na entoação e na sintaxe rosianas, mostra que o narrador é um homem que estava só se exercitando, experimentando por gosto as suas armas. É muito diferente quando o tiro é para valer: "primeiro a cachorrada pega a latir instantaneamente". Bem, desde que a fala se abre, notamos que a violência desponta como um dos motivos centrais da conversa, através das armas; ligado a isso, o motivo insólito do demo: a aparição do "bezerro erroso". O termo "abusão", palavra mineira, muito mineira, usada até hoje, como se pode constatar na prosa de Otto Lara Resende, reforça a atmosfera de crendice popular que rodeia os dois motivos centrais da violência e do diabo, unidos desde o princípio do livro. "Nonada" não é uma invenção rosiana; encontra-se, por exemplo, alguns anos antes, num grande poema de Drummond, "Os bens e o sangue", inserido em *Claro enigma*, publicado em 1951: "que de nada lhe daremos/ sua parte de nonada". Já se encontrava em *Os sertões*, de Euclides da Cunha, que tanto peso teve em nosso autor, mas está também na *Vida ociosa*, de Godofredo Rangel, que Rosa com certeza leu, porque se veem vários sinais dessa obra em *Sagarana*. Terá lido também o restante da tradição brasileira do regionalismo, que vinha desde os românticos, de Alencar e Taunay, até os pré-modernistas, como Afonso Arinos e seu *Pelo sertão* e, depois de *Os sertões*, o *Macunaíma*, de Mário de Andrade, que trabalhou com a mescla modernista de registros linguísticos de diversas regiões brasileiras. E ainda outros regionalistas do princípio do século XX, como João Simões Lopes Neto, no Sul, mestre na incorporação da oralidade na narração dos *Contos gauchescos*, e Hugo de Carvalho Ramos, escritor goiano que trabalhou com esmero a linguagem e os temas do sertão, apoiando-se na observação direta da realidade. Muito de tudo isso passa pela refinada peneira de Rosa, indo se juntar ao seu vasto saber linguístico de homem de muitas línguas, leitor de dicionários e conhecedor dos clássicos portugueses e universais, além de apreciador de livros de viajantes estrangeiros que percorreram o Brasil. A paixão de Guimarães Rosa é um desejo de transformação, com ênfase constante na mudança de todo detalhe expressivo, levando ao limite as potencialidades da língua: "pão ou pães, é questão de opiniães...".

Sua linguagem é, assim, muito misturada: um amálgama de palavras velhas, de neologismos, de arcaísmos, de termos plurilíngues, como se pode observar, na nomeação dos olhos de Diadorim, que trazem dentro a cor da palma do buriti: "Olhei: aqueles esmerados esmartes olhos, botados verdes, de folhudas pestanas, luziam um efeito de calma, que até me repassasse". Um adjetivo inglês (*smart*) para qualificar a vivacidade esperta dos olhos do Menino, que mudou a vida do narrador, vem decerto em boa hora. "Toda a vida gostei demais de estrangeiro", confessa Riobaldo.

Desde o começo a linguagem se mostra trabalhadíssima e posta num fluxo de oralidade; daí que as mudanças cheguem até a sintaxe, peculiaríssima, em obediência à ordem e ao ritmo da fala. Por isso mesmo, para tratar do livro, resolvi não trazer escrito algum, mas simplesmente dar continuidade a esse falar: uma fala sobre a fala.

Pois bem, essa fala toda vem precedida pelo título, *Grande sertão: veredas*, que merece comentário. *Sertão*, uma palavra mágica para nós, brasileiros, tem uma origem obscura; talvez proceda de desertão, talvez esteja de fato, como se diz aqui, em toda parte. Palavra maleável, de limites imprecisos — os habitantes de Corinto e Curvelo querem que lá seja sertão — , permite que se pense que ele, sendo "quando menos se espera", possa estar também dentro da gente, nunca deixando de ser um grande sertão. O título sugere um espaço vasto, contrastando com o termo *veredas*.

"Vereda", como se sabe, quer dizer caminho estreito, senda ou trilho, mas no livro é também o curso fluvial pequeno: "Rio é só o São Francisco, o Rio do Chico. O resto pequeno é *vereda*. E algum ribeirão". É terreno baixo, alagadiço, onde em geral há um curso d'água. Na topografia do sertão, dominam os tabuleiros, as chapadas, que se prolongam em chapadões; a encosta onde a umidade já se pressente é o *resfriado*; a parte baixa é a *vereda*. *Grande sertão: veredas* liga, pois, o pequeno ao grande, o espaço restrito ao espaço amplo, em justaposição. O título é o encontro entre esses dois espaços.

Guimarães Rosa leu em profundidade a tradição do romance no Brasil; quando a forma do romance começou a ser adaptada entre nós, no século XIX, durante o romantismo, sofreu uma primeira grande mutação como gênero; transformou-se numa narrativa *extensiva*, conforme observou com a habitual agudeza Antonio Candido, na *Formação da literatura brasileira*. Diante de uma sociedade ainda rala e pouco problemática, o romance tentou dar conta da vastidão do país, mapeando suas regiões como fez o romance de José de Alencar, romance extensivo por excelência, que procura falar do sertanejo ao Norte, do gaúcho ao Sul, ou da profundidade da história que se misturava à lenda e ao mito, no interior do sertão.

Muitos anos depois, Rosa retoma essa espacialidade. Esse é, antes de tudo, um livro espacial e, da mesma forma, se liga às águas; é também um livro fluvial. É certo que a vastidão do sertão lembra a do mar, a que por vezes é comparado no texto, mas as veredas, rios pequenos, se enredam no vasto espaço. Essa justaposição entre o espaço grande e o pequeno é fundamental, porque exprime um encontro, e o encontro é o motivo central do *Grande sertão: veredas*. No centro do seu enredo, dois meninos se encontram: então surge, estala e se alastra uma paixão irresistível — uma paixão homossexual, que se desenvolverá como uma paixão entre homens d'armas, entre dois jagunços. Vocês imaginem: já não é fácil para os homossexuais, o que não será para dois jagunços? Uma pressão muito forte constrangerá essa relação, mas o encontro é justamente o motivo decisivo — um motivo tão velho como a literatura, que nos vem do romance greco-latino e ressurge aqui desde o título.

Aristóteles dizia que o épico é um conteúdo de vasto assunto: *Grande sertão* confirma isso. E, no meio, histórias menores vêm entremeadas ao vasto assunto. O livro tem de fato um empuxo épico, uma vocação para a totalidade; tem fôlego para dizer tudo e, ao mesmo tempo, se abre para o menor, para uma travessia específica, que muda o rumo de tudo. Walter Benjamim escreveu numa resenha de 1929 sobre *Berlin Alexanderplatz*, de Alfred Döblin, que do ponto de vista da existência épica não há nada mais épico do que o mar. *Grande sertão* é uma espécie de mar, de mar épico, desaguadouro de histórias, de rios de histórias. Porque, como lembra ainda Benjamim, o poeta épico na beira do mar colhe os resultados do que acontece no vasto espaço das águas, assim como uma concha recolhe os sons do mar. O poeta épico repousa e sonha com as coisas que acontecem no mar, com a memória coletiva das batalhas marítimas, mas o romancista se arrisca na travessia solitária do mar. O romancista, incapaz de dizer a totalidade por essa via, é obrigado a narrar a experiência individual, ou seja, ele é o narrador de uma travessia individual.

A TRAVESSIA

Grande sertão: veredas é a história de uma travessia individual que se desgarra do mar de histórias da grande épica tradicional que é a épica da fala, a épica oral, a épica dos provérbios, dos causos, das narrativas orais dos contadores anônimos. Estamos no centro-norte de Minas: a região agropastoril dos vaqueiros contadores de histórias. Essas histórias é que são o substrato fundamental da invenção rosiana. Nelas se abriga o enigma da travessia da existência individual que é o objeto do romance.

Então, para entender o *Grande sertão: veredas*, temos de entender o encontro entre o *mare magnum* das narrativas orais e uma narrativa específica, em princípio destinada à escrita, que é o romance, no qual se conta a formação de um herói individual. Desde a sua origem, que durou séculos da Antiguidade e da Idade Média até o princípio da era moderna, o romance foi se desenvolvendo lentamente. Ele só floresceu de fato como gênero a partir do século XVI, com a subida da burguesia numa ascensão progressiva como classe social, que transformou o romance no grande instrumento do seu espírito, enquanto meio para entender como é que se configura o destino individual. Ou seja, qual o sentido de uma vida.

Assim, o nosso problema é entender como é que o romance de repente renasce no sertão brasileiro de dentro das formas da narrativa oral, marcado pelas transformações particulares que teve de sofrer no contato com essas formas da épica tradicional para dar conta da matéria nova do sertão, diferente daquela gerada pelo espaço urbano e pelo trabalho nas metrópoles do capitalismo onde em geral se desenvolvem os grandes romances. Trata-se de um paradoxo, porque nós sabemos pela história do gênero na Europa que o romance nada tinha a ver com a tradição oral; ele voltou as costas para a épica tradicional e dependeu sempre da palavra escrita, destinando-se a um leitor solitário do livro. O narrador do romance está interessado numa coisa muito diferente da dos narradores orais. Estes se interessam por transmitir um saber comunitário, uma experiência que se nutre das histórias que passam de boca em boca; o narrador anônimo narra o que lhe aconteceu ou o que ele ouviu dos outros, enquanto o romancista conta a história particular de um destino individual, a história de um sujeito que caminha em busca de valores que já não têm vigência no seu mundo, ou seja, uma história que se rege pela medida do impossível e, por isso mesmo, quase sempre termina mal, com a morte ou a loucura do personagem que é um herói problemático ou demoníaco, na medida em que se divide entre apelos contraditórios que não sabe como conciliar.

Grande sertão: veredas começa com o encontro entre esses dois meninos e sua história de amor impossível, que tarda a começar depois de um entremeado de casos sobre a existência ou não do demônio.

Durante um longo tempo, o tema introduzido pelo bezerro erroso no parágrafo inicial se desdobrará em histórias sobre a existência material do demônio. Será que o demônio existe, ou não existe? Coisas que abrandam o diabolismo das pessoas: família e amor abrandam, será mesmo? O narrador conta então vários casos, como, por exemplo, o do Aleixo das traíras: o homem das "maiores ruindades calmas" já vistas, segundo Riobaldo. Tinha um açude, entre palmeiras, cheio de traíras — "pra-almas de enormes, desenormes ao real" — todo dia, em horas precisas, ele tratava delas, que vinham para comer como peixes ensinados. Um dia aparece um velhinho, pedindo esmola, e por "graça rústica", ele o mata. A partir daí os filhos do Aleixo, que eram quatro, adoecem de um sarampo que custa a passar, e quando vão sarando, têm uma inflamação renitente das pálpebras e, não se sabe se de uma vez ou em escadinha, vão ficando cegos. O Aleixo não perde o juízo, mas a custo de muito esforço vai ficando bom. Será que o demonismo, o mal diminui com família ou não? Essa história que provavelmente se inspira na história de Ugolino, no canto 33 do "Inferno" de Dante, é uma das histórias contadas como história do sertão, que só revolta o narrador diante da bondade extemporânea do Aleixo e uma culpa que não poderia recair sobre os filhos dele.

Ou seja, a região com a linguagem e os temas misturados remete, através de sua particularidade construída com riqueza e complexidade de detalhes significativos em concreta e perfeita roupagem sertaneja, a grandes questões, ao universo épico e trágico da literatura universal, como se Rosa estivesse empenhado numa espécie de "regionalismo cósmico". Foi esta a definição que Harry Levin deu de Joyce: do subúrbio de Dublin à órbita das sete esferas. Também aqui nós temos um problema humano geral posto no pequeno, mas com uma repercussão grande. A força simbólica da construção concreta garante a eficácia estética e o horizonte do sentido. O fundo do sertão e o universo pertencem ao mesmo quadro de referências. Além disso, como no caso de Joyce, a força condensadora da poesia, através de recursos poéticos minuciosamente construídos, está posta a serviço da ficção.

Quando surge a paixão entre os dois meninos de nossa "estória de amor", no encontro decisivo do livro, que dura umas dez páginas, o lance se dá no encontro de dois rios: um rio pequeno, o de Janeiro, e o São Francisco. Riobaldo tem treze ou catorze anos, e levado pelas mãos e olhos verdes do Menino empreende a travessia decisiva de sua vida, ao cruzar o grande Rio. A experiência dessa travessia equivale a atravessar o sertão interior: é uma coisa tão profunda o que ele vive nessa travessia que ela soma a um só tempo grandes contradições da existência. Ele aprende o que é o masculino e o feminino, o bem e o mal, tem sua iniciação nos segredos da sexualidade e de seus perigos — "viver é muito perigoso", como diz o *Leitmotiv* de sua história — e sobretudo reconhece o medo e a coragem, na raiz de todo ato. No todo, a transformação é tão radical que não se pode exprimi-la por palavras: "Muita coisa importante falta nome".

A "transformação, pesável", conforme Riobaldo se refere a ela, é de fato tão funda e complexa, que equivale à individuação: Riobaldo se reconhece como indivíduo a partir daquele momento que ele sabe único e fatal. Desde então, ele se descobre outro: "Sou diferente de todo o mundo"; sua vida muda; sua narração passa a se desenvolver como uma biografia em ordem cronológica; começa a contar, ordenadamente, sua formação. O mais importante, porém, é que passa a se colocar questões a que, como ele mesmo percebe, ninguém pode responder, nem sequer o homem de suma doutoração que o escuta ou mesmo o compadre Quelemém, que o aconselha nas horas mais difíceis: "Por que foi que conheci aquele Menino?". Esta pergunta singulariza Riobaldo entre todos os homens, tornando-o também um personagem e um narrador de romance. Já não pode dar ou receber conselhos; ele é o "homem humano" em arriscada e solitária travessia do sertão, que é o mundo, interrogando-se sobre o sentido do que viveu.

Riobaldo reencontrará aquele Menino mais tarde, na beira do Rio das Velhas: ele se chamará então Reinaldo e, numa revelação íntima e surpreendente, Diadorim. Nome logo repetido com "força de afeição". Serão dias idílicos os passados junto daquele rio; tendo sempre Diadorim por guia, Riobaldo descobrirá a transcendência que têm os encantos da natureza e de um pássaro em especial, cuja revelação equivalerá à da surpresa do nome querido: "[...] é o passarim mais bonito e engraçadinho de rio-abaixo e rio-acima: o que se chama o manuelzinho-da-croa". Diadorim parece a mediação para muito mais: uma promessa de integridade do ser.

Aquele encontro na beira do São Francisco é, portanto, o primeiro de uma série de grandes encontros entre os dois jagunços que se querem sempre juntos, mas terminarão num desencontro fatal, no arraial do Paredão, que por vezes sinistramente se insinua no discurso do narrador, antes de acontecer por fim, na forma do duelo no meio da rua e do redemoinho que levará de vez Diadorim da vida de Riobaldo, desgarrado para sempre, presa de uma divisão sem termo. O encontro com Diadorim, na verdade dá rumo à errância de Riobaldo, feito uma esperança de completude: abandonada a carreira das letras, para a qual o preparara Mestre Lucas do Curralinho, ele se deixa levar pelo destino errante das armas, que é a vida de jagunço. Ao fugir do bando de Zé Bebelo, o chefe jagunço que quer se tornar deputado para decretar o fim da jagunçagem e impor a lei no sertão, Riobaldo fica de fato sem destino até reencontrar o Menino, que já é então Diadorim. Ao seguir o chamado mavioso desse nome, ganha um rumo, que o leva no entanto a internar-se na guerra jagunça, na luta de vingança de Joca Ramiro, o grande chefe jagunço que é o pai de Diadorim, e ao mesmo tempo embrenhar-se mais fundo no sertão dos dilaceramentos interiores por ter perto e distante o objeto de sua paixão.

Começa nessa relação um amor que não pode, entretanto, ser impossível à primeira vista: ele é negaceado na sua possibilidade por fim impossível: "Podia ser? Impossivelmente". Um amor ambíguo que tortura a alma desse homem entregue à sina de seguir Diadorim, com seu ódio maciço contra Hermógenes e Ricardão, os *judas* que assassinam Joca Ramiro à traição, depois do episódio central que é a grande virada divisória dos bandos jagunços na luta: o julgamento de Zé Bebelo. Nesse julgamento, a uma só vez político e ontológico, aflora, entre tantos participantes no latente conflito, a questão central para Riobaldo: "Quem sabe direito o que uma pessoa é?". A via da jagunçagem é outro descaminho.

Riobaldo, primeiro professor e poeta, segue os passos de Diadorim e vira um homem d'armas porque não pode senão fazê-lo: seu destino de jagunço é um destino de paixão e violência, marcado pela medida do impossível, que faz do tempo um aliado da morte e um modo da imperfeição. À medida que avança, mais o herói se distancia do que busca. Quando, no duelo de facas, Diadorim morre ao matar Hermógenes, o único dos chefes jagunços que "nasceu formado tigre, e assassim", Riobaldo, em desespero, se defronta com a impossibilidade definitiva: "E a beleza dele permanecia, só permanecia, mais impossivelmente". Aqui termina sua história romanesca como jagunço, que de grande atirador, *Tatarana*, *"Lagarta de fogo"*, chega a chefe supremo dos bandos, o único a completar a travessia do Liso do Sussuarão, o temível *Urutu*

Branco. A morte de Diadorim põe fim à luta e desfaz o mar do sertão: "Chapadão. Morreu o mar, que foi". E o próprio narrador dá por encerrada sua história:

> "Aqui a estória se acabou.
> Aqui, a estória acabada.
> Aqui a estória acaba."

O MUNDO MISTURADO

A cena que precede esse desfecho, talvez a mais bela e pungente da literatura brasileira, é também a da revelação irônica e terrível, com a força suprema de tragédia dantesca do "Pôde mais a surpresa do que a dor": Diadorim era uma moça virgem. Ao que se segue o desencanto, ainda mais terrível.

Mas o livro prossegue por mais algumas páginas, demonstrando que para além da narrativa romanesca uma outra forma narrativa situa o todo na esfera moderna do romance, fazendo da busca uma definitiva errância e do herói problemático um desterrado de toda transcendência possível. A história prossegue contando como é que Riobaldo consegue se reconciliar com alguma coisa após a perda irremediável, em meio ao mais profundo desencanto que atinge a própria imagem do sertão, despojado da beleza encantatória que aprendera a admirar pelos olhos de Diadorim. Para não endoidecer nem ceder terreno à morte, depois da longa doença que o abate, Riobaldo se apega, seguindo conselhos do compadre Quelemém e de Zé Bebelo, à amizade e à religião e acaba se casando com Otacília, a noiva sempre à espera na Fazenda Santa Catarina, "que ficava perto do céu".

Dono de duas "possosas fazendas", herdadas do pai padrinho Selorico Mendes, quase barranqueiro do São Francisco, doente e de "range rede", o ex-jagunço está pronto para contar sua vida ao desconhecido que o visita por três dias. O fim é o começo do romance: quando o caminho acaba, a viagem começa.

O entrançado de provérbios, de narrativas orais, de uma história romanesca de luta, amor e morte, vai desembocar na pergunta sem resposta que funda o romance, para além de toda sabedoria comunitária, deixando seu narrador e herói às voltas com o desconcerto moderno que nos tem perplexos diante da falta de rumos: "Por que foi que eu conheci aquele Menino?". Riobaldo reconta sua vida para entender a pergunta sobre o sentido de sua existência. Seu romance é a história de sua aprendizagem de algo que sempre escapa quando parece estar mais perto, de um segredo esquivo que ele sempre intui como próprio, como algo capaz de redimi-lo no secreto das coisas, sem que saiba como alcançá-lo. A falta de uma regra segura para o ato decisivo que iria salvá-lo de tanto desgarramento e de tanta dilaceração na busca de um amor impossível faz de sua vida o processo de educação sentimental de um jagunço: "Viver — não é? — é muito perigoso. Porque ainda não se sabe. Porque aprender a viver é que é o viver mesmo". A falta do caminho seguro a seguir na existência obriga a recontar a história em busca do entendimento. O romance desdobra um enigma essencial, que resume a razão última das formas misturadas do livro.

Entre grandes encontros dessa história, há um deles que pode nos ajudar a compreender melhor o problema e a obra como um todo, arrematando esta fala sobre a fala de Riobaldo. Trata-se da chegada dos jagunços à Fazenda São Gregório, de Selorico Mendes, o padrinho, que é provavelmente o pai de Riobaldo. Riobaldo só conhece os jagunços pelas histórias que seu padrinho, um tanto fanfarrão, gosta de contar, mas de repente, numa manhã fria de maio, eles chegam em carne e osso a São Gregório: ali está Joca Ramiro, cujo nome já causa a maior suspensão; ali estão Hermógenes e Ricardão, os dois traidores que matarão Joca Ramiro, desencadeando a luta pela vingança.

Antes de começar, como em muitas outras passagens do livro, o futuro já se enrodilha, condensada e cifradamente, numa semente do passado. Assim como as pequenas histórias iniciais sobre o demônio parecem encerrar o medo futuro de Riobaldo pelo pacto que procurará fazer com o diabo, no momento de galgar a chefia do bando, para cumprir a vingança e finalmente ter Diadorim. A certeza da inexistência do demônio desfaria a efetividade do pacto que mantém o herói na dúvida, às voltas com a existência do diabo; no entanto, o pacto é ele próprio o ato que exterioriza a dúvida, cujas raízes se alojam na cisão mais funda da alma do herói dividido pelas contradições que encarna. O verdadeiro demônio de Riobaldo é o que habita o seu mundo interior. O episódio dos jagunços em São Gregório permite ver quão fundo é o seu drama e como sua narrativa espelha as contradições desse herói problemático. Na verdade, nessa obra admiravelmente bem-composta, o todo, a cada passo, se aninha no pormenor, cumprindo, à semelhança da promessa do título, a junção do grande e do pequeno.

A mando do padrinho, o jovem Riobaldo acompanha os jagunços para indicar ao resto do bando um lugar de refúgio: o poço do Cambaubal. Ao se reunir com os demais cavaleiros — um verdadeiro "estado de cavalos" descritos com a abundância de detalhes precisos e concretos que é um dos fundamentos da grandeza de Rosa —, o narrador relata então: "Um falou mais alto, aquilo era bonito e sem tino: — '*Siruiz, cadê a moça virgem?*'". Segue-se uma "toada toda estranha" que um jagunço-poeta, de nome Siruiz, canta. A cantiga provoca tal comoção em Riobaldo — "aquilo molhou minha ideia" —, que ele se descobre poeta e começa a partir dali a fazer versos como os da canção de Siruiz, cujas palavras se espalham por sua história toda, demonstrando quão fundo ela atingiu o narrador, que guardará "no giro da memória" aquela madrugada e o que nela sentiu, a ponto de levá-lo a perguntar: "Algum significado isso tem?".

Na verdade, a canção de Siruiz é uma balada — poema épico-lírico que narra a história de um encontro, quase sempre fatal — e encerra, em palavras contadas e cifradas, alguns dos motivos centrais da obra como um todo, como o da donzela guerreira que convida o amado para acompanhá-la na guerra. Mas tão importante quanto isso é que ela resume o destino de Riobaldo, partido entre as letras e as armas: o letrado que se deixa arrastar à guerra por amor. Como um enigma, ela guarda, ironicamente encoberto, o destino do herói problemático e seu essencial desconcerto.

O romance se refaz a partir da épica oral, lembrando que foi romança. O romance de Rosa renasce outro na particularidade do sertão brasileiro: suas formas misturadas, que correspondem a temporalidades diversas, glosam o mundo misturado a que elas remetem, onde o mais arcaico e o moderno se combinam. O livro, como um todo, desdobra na vastidão sertaneja a poesia que a canção enigmática oculta. Em sua mais funda unidade, o grande sertão se condensa poeticamente num enigma.

Por hoje é só; tem mais não.

4. Tempo de espera*

Faz mais de vinte anos, conheci "Lua Cambará", a última das narrativas deste livro, numa versão cinematográfica em super 8. O filme era tosco, mas deixava entrever uma história romanesca e poética, vazada na fala de um narrador tradicional, eco de outras vozes do sertão de Inhamuns, no Ceará. A mistura do histórico com o fantástico num conflito familiar vincado pela aspereza da terra e pelos desmandos dos homens logo me chamou a atenção.

Resumi as impressões do filme num breve ensaio, que não teve resposta.[13] Passaram-se vinte anos, e só então me chegou uma carta — meia página de prosa sibilina —, junto com um magro livrinho de contos: davam-me, como se fosse ontem, um retorno sobre o que eu escrevera, revelando, por outro lado, o que estava escrito, aliás bem escrito, sob as imagens filmadas.

*Publicado como posfácio a Ronaldo Correia de Brito. *Faca. Contos*. São Paulo: Cosac Naify, 2003.

13. "Uma noite na tevê: *Lua Cambará*": Ensaio publicado originalmente no volume coletivo em homenagem a Antonio Candido, *Esboço de figura*. São Paulo: Duas Cidades, 1979.

Agora "Lua Cambará" é que retorna em sua forma inicial de novela, reelaborada decerto muitas vezes ao longo de todos esses anos, como os contos que a acompanham neste volume, voltados, também eles, sobretudo para o drama familiar sertanejo na mesma região cearense de Inhamuns, onde se formou o ficcionista.

Ronaldo Correia de Brito não é, pois, um estreante, mas um narrador que se mostra esquivo, tanto pela publicação reduzida como pelo feitio seco de sua prosa, sempre depurada, procurando exprimir muito com pouco. Percebe-se de imediato que atribui um peso decisivo ao tempo de espera, a ponto de convertê-lo num fator estrutural de suas histórias.

As narrativas aqui enfeixadas revelam esse peculiar sentimento do tempo que tende a inscrever os eventos narrados na duração da história natural pontuada pela morte. Um modo de contar o tempo que se escoa infindavelmente, apenas sinalizado pelo retorno da mesma baliza recorrente. Por esse meio, a voz do narrador moderno que nele busca o registro irônico e crítico dos fatos, nos limites do mais estrito comedimento, dá vazão ainda às reminiscências da tradição oral dos narradores anônimos que encontram no retorno periódico da morte na natureza a sua sanção.

Trata-se, evidentemente, do aproveitamento de um ritmo integrado à própria matéria trabalhada por sua prosa ficcional. O modo de conceber o tempo na narrativa oral é incorporado à substância mesma dos contos, transformando-se num princípio artístico de sua composição, como uma consequência da penetração do olhar do ficcionista no assunto em busca das possibilidades formais que este oferece. É, pois, um meio de conhecimento de seu próprio mundo e um método para dar forma orgânica aos materiais que escolheu.

O resultado, referido ao tempo da natureza, é uma espécie de condenação à recorrência, uma volta ao mesmo, que rege os destinos narrados e funciona como um princípio de composição. Apesar do risco de monotonia, esse procedimento permite ao escritor o corte abrupto do fim da história, laconicamente contado, mas à espera desde o começo, sem desmanchar, no entanto, o segredo do destino que a narrativa guarda sigilosamente consigo mesma até o lance final. O conteúdo vital da espera deve ter complexidade e força suficientes para vencer a última barreira das palavras e se lançar ainda vivo no espírito do leitor. E na maioria das vezes tem, como se poderá constatar. No entanto, esse modo de tratamento cria também um vínculo estrito entre caráter e destino, e as personagens de caráter forte de várias das histórias tendem a viver experiências semelhantes que voltam sempre.

De acordo com esse modo de construção, a ênfase repousa na dimensão épica da expectativa que situa e tensiona os atos corriqueiros da vida familiar sertaneja ou de uma pequena cidade do interior sempre no limiar de um acontecimento trágico. Nesse sentido, são exemplares os contos "Redemunho", "Cícera Candoia", "Inácia Leandro" ou mesmo "Mentira de amor". O evento terrível pode ou não cumprir-se, uma vez que em algumas histórias o desenlace tragicômico desfaz a tensão numa saída anedótica, como é o caso de "O dia em que Otacílio Mendes viu o sol", mas é sempre durante e mediante a expectativa que se constitui o fundamental do enredo, quando o modo de ser se configura em função do que há de vir.

No conto de abertura, "A espera da volante", tudo isso se recorta com nitidez e força simbólica. A figura enigmática e imemorial do Velho que desafia, com sua generosidade, tanto o bandido, a quem dá guarida mesmo sabendo que ele rompeu a lei sagrada da hospitalidade do sertão, como a volante que vem para puni-lo ou talvez matá-lo, se associa, durante a espera, aos gestos ritualísticos dos trabalhos da terra e aos ritmos cíclicos da natureza do sertão, com a qual ele acaba por identificar-se metafórica e simbolicamente, feito "o juazeiro que dava sombra por natureza". Numa bela passagem que precede um pouco essa imagem, a atitude do Velho já vem inscrita, pelos gestos ritmados, na história da natureza:

> As portas das casas se fechavam. Só o Velho continuava com as suas abertas. Passariam as tardes, entrariam as noites e a vida dele seria um mesmo relógio de trabalho e espera. A terra abriria sulcos à sua enxada, colheria sementes de sua mão e daria frutos e cereais que matariam a sua fome e a de outros. As vacas e as cabras seriam tangidas e, no fim do dia, afrouxariam os úberes, deixando o leite correr abundante. Bocas o beberiam. Redes seriam armadas, candeeiros acesos, cadeiras arrastadas, panelas postas a cozinhar. Conversas se prolongariam pela noite adentro, entre pausas e suspiros fundos.

Mas o tempo da espera é também um tempo que não passa, que acumula sofrimento no miúdo da existência, negação da sucessividade da história que paga o preço do aumento da dor de viver e o acossamento no círculo sem saída. A temporalidade tradicional vem somar-se, então, a um sentimento moderno de angústia que o travamento temporal só intensifica, podendo provocar o terror e seus fantasmas.

Em alguns dos melhores relatos, em que se destacam mulheres fortes e solitárias, abandonadas a si mesmas em seu encerramento, como em "Cícera Candoia" e "Inácia Leandro", a espera, ao assimilar o movimento cíclico, somente acumula a substância negativa das noites e dos dias nos gestos ritualísticos da existência comum, até o desfecho fatal, quando o crime ou o motivo romanesco da vingança retornam com a sua periodicidade sinistra para cortar os nós cegos da vida familiar. Algo parecido se poderia dizer de "Lua Cambará".

Será então a fatalidade a única coisa capaz de quebrar os grilhões da existência submetida, conservadoramente, ao sufoco ou ao eterno retorno do impasse? Não será, pois, a região o mundo bloqueado que pode estar em qualquer parte? O drama concentrado ganha força simbólica geral, de modo que o sertão tende a virar mundo, como palco de contradições e conflitos humanos em sua dimensão mais ampla: o tempo da natureza é realmente uma extensão do sentimento problemático do tempo travado da existência que pressupõe o mundo moderno. Na realidade, é o vasto mundo que vai até o mais fundo do sertão. E nesse espaço de isolamento, o tormento reina despótico, crescendo, em pleno silêncio, com a força da natureza e a rudeza do raro convívio, como se vê em "Lua Cambará".

A estrutura dramática e cortante dos contos — a faca não é apenas um motivo reiterado no conjunto das histórias, mas o gume a que tende a prosa lacônica com aquela sua alma agreste à maneira de Graciliano ou com o toque de poesia fantasmagórica à semelhança de Juan Rulfo — se transforma em estrutura episódica e aberta na novela. Nesta, a complexidade é maior sob todos os aspectos; no desenvolvimento do enredo, a tendência à aventura romanesca dá espaço maior ao elemento fantástico, já presente em algumas das narrativas curtas, como, até certo ponto, em "Redemunho", e certamente em "Faca" e "Inácia Leandro", mas quase sempre restrito ao poder de um objeto ou ao retorno fantasmal de um ser.

Assim, no conto que dá título ao conjunto, a faca funciona como um objeto mágico e simbólico: é uma metonímia do crime que transpassa o tempo com a memória viva do sangue derramado e por ele se restitui o fio do enredo acontecido, mas é também o poder da maldição sob os olhos cobiçosos e cheios de medo dos ciganos que a encontram depois de tantos anos. O punhal se torna, pois, portador do mito, como o detalhe que traz simbolicamente consigo o todo da trágica história. Em "Inácia Leandro", o morto que retorna na figura do andarilho, marcado pela cicatriz de sua vida pregressa, para lutar na defesa de Inácia, lembra o motivo tradicional do espectro errante, que é marca de "Lua Cambará".

Aqui o fantástico se expande pelo sopro do imaginário popular, cuja força poética transfigura o corte seco da observação realista que com ele alterna e com que se talha, na novela e nos contos, o instante do ato que define o drama humano. Evitando tanto o documento bruto quanto a pura fantasia, o texto da novela tende a uma combinação difícil de realismo com alegoria.

No princípio, Lua Cambará já surge como uma aparição, envolta pelo halo mágico de uma história ouvida na infância. O narrador primeiro a ouve, ainda menino, no colo do pai: a morta na rede, vagando sem cessar, levada por um cortejo de negros amortalhados. Sua narração irá entremeando novos episódios e testemunhos orais do caso ao recorte da situação inicial, de modo que o leitor terá do enredo uma visão entrecortada pela montagem de segmentos, uma técnica de mostrar e velar a história, criando um meio propício ao clima ao mesmo tempo de brutalidade e fantasmagoria que reina no relato, fortemente marcado pelo contraste das imagens visuais.

A ficção nasce aqui do chão histórico, mas transfigurada por uma fantasia saída do imaginário popular que transpõe, favorecido pelo olhar do menino, a realidade para o plano mais elevado do romanesco, tendo uma das pontas presa à literatura de cordel nordestina ou ainda à tradição da épica oral, alimentada ali largamente pelas imagens das novelas de cavalaria do ciclo arturiano, citadas no texto. Ou seja, desse chão histórico também faz parte o imaginário, fonte principal de alguns dos procedimentos decisivos do narrador, porta-voz de outros narradores de sua terra, sobre os quais molda a própria voz. É sobre essa herança que atua o seu desejo de dizer com precisão afiada o modo de ser da região e dos homens em conflito.

Na novela, a observação rápida e precisa da paisagem regional, dos costumes e do ambiente, sem traço de pitoresco e sem afirmação propriamente regionalista, liga-se ao fundo histórico do próprio argumento, que se vincula à memória da escravidão e se casa, por sua vez, à fantasia romanesca, para constituir essa espécie de saga nordestina que é "Lua Cambará".

De fato, a sombra da escravidão ronda ainda o drama familiar, marcado pela truculência; a heroína mestiça, dúplice desde o nome, é o fruto de uma violação: sua mãe, Negra Maria, é vítima do potentado local, Pedro Francelino de Cambará, senhor da terra, do poder político e de seus dependentes. "Herdeira, de punhal na cintura", Lua Cambará recebe, como filha única, a herança do latifúndio e do mando; reprime com crueldade seu lado negro para cumprir, tirânica, um destino demoníaco de desmandos e punir com violência sanguinária quem lhe barra o desejo ou não aceita sua paixão. Acaba como uma imagem alegórica da terra madrasta que castiga os homens quando bem quer. No fim, solitária e estéril, amaldiçoada, se transforma no fantasma sem repouso da imaginação popular, conforme sua aparição inicial: a beleza de seu corpo dentro da rede, que assombrava os homens em vida e os encadeia mesmo depois de morta, está pronta para virar xilogravura num folheto de cordel.

A inclusão da saga nos ritmos longos dos ciclos em que se perpetua a natureza, a que se liga desde o nome a heroína, reforça a projeção alegórica da fantasia que a rodeia; a visão do povo tende a insuflá-la para além das fronteiras da realidade do meio, como a expansão de uma onda imaginária em torno do fato chocante e inexplicável, lançado ali com a naturalidade de uma pedra no sertão.

Assim, no conjunto, tanto os contos quanto a narrativa mais longa formam um mosaico do modo de ser dos homens, ou antes das mulheres, tremendas mulheres em situações extremas numa região específica do Brasil, mas vivendo dramas universais, enfurnadas em seu canto de mundo, até que um ato fatal venha resgatá-las do ramerrão infernal ou se transformem, como Lua Cambará, no espectro errante do imaginário popular. O terrível espreita no círculo estreito do sertão deste narrador, mas, do mesmo modo, está nele presente a fantasia, que faz rodopiar a história para além de seus limites.

A mistura peculiar de materiais variados, tradicionais e modernos, com que trabalha o escritor cearense suscita desde logo o interesse pelas dificuldades e limites de sua construção e pelo caminho que escolheu. No quadro geral da ficção brasileira, projetos artísticos semelhantes tiveram notável desenvolvimento, tanto no cinema quanto na literatura, como observei a propósito do filme que comentei há tanto tempo.

De fato, guardadas as proporções, pela matéria e por questões formais, seu microcosmo ficcional apresenta semelhanças com o universo de Guimarães Rosa e com um filme de Glauber Rocha, "Deus e o diabo na terra do sol", glosado um pouco no super 8 sobre "Lua Cambará". Mas Ronaldo Correia de Brito busca caminho próprio, nas formas breves do estilo lacônico, oposto à ênfase expressiva dos outros dois. É difícil prever o que virá. Basta dizer, quem sabe, seguindo sua própria regra, que o já feito cria boas expectativas, e deve-se ficar à espera.

5. Curiosidades indiscretas*

Nos anos 1960, quando pela primeira vez senti a peculiar estranheza das narrativas de Felisberto Hernández, o acaso me reforçou a surpresa da descoberta. Como costumava fazer então, saía para caminhar ao deus-dará todas as tardes, tentando botar as ideias no lugar, e acabava infalivelmente a caminhada no velho sebo de seu Marino Izzo, na rua Martinico Prado, em Santa Cecília, o único espaço de São Paulo onde o espírito se afina conforme a música que paira no ar cambiante da tarde.

Mal sabia eu que já me deixava guiar secretamente pelo som do piano de Felisberto, que escolheu a vocação de escritor, a despeito de ter ganhado a vida sobretudo como pianista, em modestas turnês pelo interior do Uruguai.

O Librarium, mais do que uma livraria, era um antro escuríssimo. Abarrotado de velharias, mais parecia o local apropriado

*Publicado em: Felisberto Hernández. *O cavalo perdido e outras histórias*. Sel., trad. e posfácio de Davi Arrigucci Jr. São Paulo: Cosac Naify, 2006 (Col. "Prosa do observatório").

para a consulta aos mortos, mas acabava sendo bom refúgio para os vivos, sobretudo para os erradios, que podiam encontrar sempre, em meio ao caos, a careca espanada e sorridente do livreiro italiano, que brilhava, entre as pilhas poeirentas dos livros arrebanhados pela sorte, com seus reflexos luminosos de porto seguro. Mas entrar naquela espelunca tinha ainda algum sabor de aventura, pois ali realmente tudo podia acontecer, segundo o gosto anárquico do dono: não havia nenhuma espécie de carta marcada; só se exigia do cliente aquela abertura de espírito favorável aos deuses do acaso. Numa dessas tardes, eles me foram propícios.

Debaixo de um monte de volumes imprestáveis, que um carroceiro acabava de despejar na porta do sebo, jazia um exemplar velhinho, mas impecável, de *El caballo perdido*, quase desconhecido naquela época. Ao abri-lo deparei com a seguinte dedicatória, em letra de forma, com a assinatura do autor em cursiva perfeitamente legível:

Para Alejandro Spagat
por si llega a encontrar el caballo.
A toda cordialidad,
tu amigo
Felisberto Hernández
Abril de 1945

s/c Juan M. Blanes 1138
Montevideo

Foi para mim realmente um achado. Eu havia lido apenas três preciosos voluminhos de narrativas de Felisberto — os únicos que então possuía —, da editora Arca, sustentada pela batalha dos irmãos Rama, em sua coleção Narradores de Arca, todos publicados em Montevidéu em 1967, três anos depois da morte do escritor, que ainda não completara os 62 anos: *Nadie encendía las lámparas*; *Tierras de la memoria* e *Las hortensias*. Faltavam-me os outros três volumes das *Obras completas: Primeras invenciones*, *El caballo perdido* e *El diario del sinvergüenza y las últimas invenciones*, que só consegui mais de dez anos depois.

O encontro com *El caballo perdido*, pobremente editado em 1943 por González Panizza Hermanos, que já haviam publicado *Por los tiempos de Clemente Colling*, em 1942, valeu como o fio de uma revelação em meio ao labirinto das narrativas confessionais, obsessivamente recorrentes, desse singular narrador uruguaio.

Quando, mais tarde, no início dos anos 1970, falei do achado a Julio Cortázar, deixei-o embasbacado diante do livrinho e da dedicatória que tinha nas mãos, e então ele abriu um daqueles sorrisos seus, de menino espantado, que eram como a aquiescência natural a todo encontro fora de hora, cuja importância para sua própria poética ele nunca deixou de frisar. Conversamos longamente sobre a fina e esquiva arte de Felisberto, que ele soube compreender como poucos e que foi, a meu ver, decisiva para sua própria obra em muitos aspectos: na presença na ficção da consciência crítica vigilante e por vezes intrusa; nos jogos entre o eu e o outro; em certo modo de olhar, com fantasia e humor, os objetos e os seres; na flexibilidade deslizante dos ritmos da prosa. E então lhe contei as andanças e negaceios que eu mesmo havia feito no interior do texto, no encalço do cavalo perdido, que era um modo de exprimir a dificuldade de entender aquela obra tão admirada, cuja excentricidade parecia imitar a biografia do homem que a criou.

Em que consiste a desconcertante arte de Felisberto?

Desde o início, o leitor se dá conta de que está diante de uma obra *sui generis*. O seu processo de composição parece ter muito de aleatório, correspondendo à frase que dá título a um dos fragmentos que nos legou: "Estou inventando algo que ainda não sei o que é". Creio que ela exprime o processo profundo de sua criação, pois a leitura do conjunto de sua obra ficcional, relativamente parca, demonstra que suas narrativas, cujo componente poético é muito forte, tende a limites imprecisos e se enquadra mal no que chamamos de conto ou novela, por mais que esses gêneros em si mesmos sejam já bastante arbitrários.

A verdade é que poucas das suas histórias (talvez nesse sentido seja um dos poucos exemplos o conto "Ninguém acendia as luzes") se ajustam aos modelos que historicamente reconhecemos como conto a partir, digamos, de Edgar Allan Poe ou de Anton Tchekhov. Os relatos mais longos, *Por los tiempos de Clemente Colling*, *El caballo perdido* ou *Tierras de la memoria* também não são exatamente novelas. E decerto nada do que fez tem a ver com a tradição realista do romance propriamente dito. Todos esses textos têm, no entanto, em comum o caráter narrativo e a apropriação de certas situações recorrentes das quais quase sempre partem, claramente recortadas da matéria autobiográfica. Revelam, portanto, pendor para um gênero específico de prosa ficcional que é a confissão: suas narrativas são como que a história mental de um único narrador, ou de narradores parecidíssimos, em situações narrativas diversas, embora também muito semelhantes.

O aspecto de história mental é muito acentuado nesses relatos introvertidos, intelectualizados, de um humor cortante e sardônico, temperado de melancolia. Com isso, demonstra que as complicações intelectuais são mais vivas e importantes para o autor que o próprio desenvolvimento do enredo, que se mostra bastante lacunar ou esgarçado, obedecendo a ritmos improváveis de associações líricas, delineando um percurso caprichoso e sem rumo certo, que nunca se ajusta ao desígnio causal de uma estrutura necessária e acabada, pois quase nunca termina por um verdadeiro desenlace e apenas se interrompe a certa altura, sem se importar com os filamentos soltos. Nisto demonstra quem sabe a vocação desses textos para comporem o tecido único de um só vasto tapete, que o autor faz e refaz, às vezes abandonando fragmentos pelo caminho, desistindo da direção, para retomar noutro sentido, sem muita vontade de completar o que de saída talvez lhe parecesse um tapete sem fim.

O ponto fundamental que dá consistência a essas narrativas, independentemente dos descaminhos da construção do enredo, é a capacidade que revelam para instaurar um verdadeiro universo ficcional, cuja coerência o leitor percebe de imediato.

Com efeito, bastam algumas frases da prosa de Felisberto, que pode dar a falsa impressão de desalinho, beirando o descuido ou a negligência, e já penetramos, por pequenos desvios, na complexidade de seu universo insólito. Poucos escritores terão a capacidade de nos arrastar tão arrebatadoramente para o seu mundo, o que deve ser considerado uma vitória de sua capacidade de persuasão, uma vez que seu mundo é ímpar e solitário e tardamos a perceber que somos partes integrantes dele.

Um mundo antes estranho, povoado de esquisitices — onde se espiam as pernas dos móveis, perversamente erotizadas; onde uma jovem pode estar literalmente apaixonada por um balcão —, mais do que propriamente fantástico no sentido estrito do conceito. O fantástico como que jaz à espera, feito a miragem de uma intuição: no horizonte de expectativa das miúdas excentricidades que ocupam o primeiro plano narrativo, desviando-nos dos fins últimos ou, pelo menos, retardando nossa visada do fundo do quadro, onde ele paira como uma inquietante possibilidade.

A estranheza, cujo impacto sentimos desde logo, é de fato produzida a partir de detalhes, na aparência insignificantes, para uma zona de penumbra imprecisa em que o caráter anômalo não dá de imediato na vista, mas já exprime o processo geral de transformação pelo qual o narrador opera as mudanças mais radicais e reveladoras desse mundo extravagante, onde ele parece devanear todo o tempo. A metamorfose e o sonho são componentes fundamentais da matéria de que são feitas as histórias, nas quais, por outro lado, penetra sempre um desejo de lucidez, uma consciência crítica, que pode ser perversa e dolorosa, porque paga o preço de estar metida nesse mundo.

Afastado do prosaico dia a dia, distante de toda vida político-social e da história do país. Encerrado em si mesmo e no bazar de bizarrices que vai descortinando sem parar, nos dá, porém, uma dimensão de seu meio, através de sua dramática experiência de vida, da angústia concreta que é viver nele, de um querer saber que não acha saída, de um desejo de explicação que não se cumpre, das contradições reais entre a grandeza e a miséria da existência, de uma dilaceradora divisão da personalidade e de uma radical solidão. Tudo isso configura muito mais que um retrato do indivíduo isolado para valer como uma imagem simbólica da experiência histórica contemporânea.

Felisberto não nos vence por nocaute, mas sempre por pontos. Tem o dom de nos arrastar para sua teia com a simplicidade de seu discurso coloquial, que pode raiar a singeleza de um *naïf*. Com frequência lança mão de expressões tomadas à fala suburbana ou ao falar de Montevidéu, usa e abusa de repetições, bebendo constantemente na linguagem informal, para nos propor, de repente, o desconcerto de uma imagem inusitada, além da invasiva e perturbadora atmosfera erótico-poética que vai tomando conta do relato e da sensibilidade do leitor à medida que caminha na leitura.

Ler *El caballo perdido*, achado em boa hora, significou, por isso, ir tomando conhecimento aos poucos de um segredo, partilhado na intimidade de uma rara invenção. O método de composição adotado por Felisberto, através de detalhes deslizantes para operar vastas mudanças, demonstra uma forma cuidadosamente consciente, mas delicada e quase infantil, de aproximação ao desconhecido, ao núcleo poético de suas narrativas. Aí reside o segredo desse narrador poeta que se sente obrigado a tratar de suas histórias como se fossem plantas nascidas dele mesmo, as quais ele procura respeitar em sua integridade até o completo crescimento e a plena autonomia de seu ser bem formado, para que delas emane a "poesia natural", desconhecida delas próprias.

Ao nos legar a explicação de seus contos, em si mesma "falsa", pois que não pode dar conta da raiz do segredo, Felisberto aponta para a fronteira difícil entre a naturalidade e a consciência na formação de suas histórias. Muitas vezes voltará por imagens a essa questão melindrosa, que pode ser traduzida na questão do papel do inconsciente e da consciência artesanal em sua ficção, a antiga questão que nos veio das poéticas clássicas, que opõem, desde Longino, a inspiração ao trabalho de arte. Através da linguagem imagética quase sempre evita a abordagem conceitual, mas se aproxima bastante dos conceitos freudianos sobre a criação artística, apesar de muitos dos depoimentos de seus contemporâneos, que traçam o perfil de um homem de pouca leitura, que teria se informado a propósito da psicanálise e da filosofia ouvindo amigos em conversas de café. A verdade central, porém, é que revela um perfeito equilíbrio ao tratar do jogo das forças claras e misteriosas com que opera em seu processo de invenção, resguardando-o de toda explicação cabal e salientando o núcleo poético último, indevassável da obra — segredo guardado no mais fundo, que é o espaço da natureza, inalcançável para a consciência.

Essa poética do segredo se desdobra e se torna reconhecível no processo mesmo de composição, uma vez que este alia uma *naïveté*, glosa do olhar pueril, a uma contraparte de consciência adulta e crítica, que muitas vezes atua como um duplo farsesco e cruel, avatar do narrador ou do eu, em contraposição à singeleza e ao espontaneísmo que também fazem parte da sua atitude narrativa.

A conversão da matéria autobiográfica em matéria literária já em si mesma propicia a duplicidade, na medida em que o narrador se vê como agente ao mesmo tempo que observa à distância, do presente, seus movimentos no passado, multiplicando as perspectivas possíveis sobre a própria ação. Quase não há texto de Felisberto que não explore esse palco dramático da subjetividade, formulando um labirinto de conjeturas sobre o sujeito desdobrado na observação de si mesmo.

Praticamente toda a obra, com raras exceções, vem narrada por esse narrador em primeira pessoa, que muitas vezes revela traços biográficos do próprio Felisberto — ele é um pianista ou o vendedor ambulante que acaba se alojando em quartos de hotel ou numa casa outra que não a própria — e revela alguns traços recorrentes de caracterização, como o cansaço, o tédio, alguma melancolia, mas também uma doblez irônica e perversa, cujo apetite se traduz numa curiosidade insaciável, num voyeurismo que mistura ingenuidade a morbidez.

Se para todo narrador a memória é a deusa protetora, para Felisberto ela constituiu, ainda mais, o moinho da matéria a que ele procura dar forma e tem continuamente sob o olhar de seu narrador. Este revém sempre aos mesmos pontos, pois é a partir deles que começa a inventar, ou seja, a descobrir novas relações à medida que estabelece enlaces inusitados entre as coisas e ele próprio.

Em "O cavalo perdido", por exemplo, é a situação do pequeno aprendiz de piano, tomado de tal paixão pela professora que seu sentimento se derrama por todo o ambiente e por todas as suas relações com o mundo ao redor. A situação, extraída decerto da matéria autobiográfica, se torna palco de uma cena inicial (que o olhar adulto também depois espiará), capaz de propiciar ao menino a observação de frestas na realidade banal, que para ele se abre com seus segredos, dando lugar a infindáveis saídas narrativas conforme a curiosidade sequiosa do garoto, movido pela mola do desejo. Longe de se acomodar na sublimação do conhecimento, o pequeno aprendiz mantém viva sua energia erótica, eletrizando todo o ambiente, numa espécie de pan-erotismo, que agrega à fonte do desejo de saber quanto lhe passe na mira: as pernas recobertas dos móveis, os braços ocultos da professora, que de algum modo participa do jogo de esconde-esconde no qual tudo se entrevê.

Antes de mais nada, Felisberto é um memorialista, um memorialista proustiano — *Em busca do tempo perdido* é dos poucos livros que seus contemporâneos afirmam tê-lo visto ler —, que retorna todo o tempo a algumas cenas e situações de sua experiência infantil, vista muitas vezes numa atmosfera de sonho ou devaneio através da qual ele vai desvelando o passado, de forma paulatina, como quem abre uma caixa de segredos e espia para dentro de si mesmo com a mesma curiosidade infantil com que um dia deve ter feito o aprendizado do mundo ao redor, este também imantado pela potência mágica do olhar, ambiguamente pueril e adulto. Refaz então as relações entre os seres e os objetos transformados nesse outro universo que vai se tornando concreto e presente feito a matriz ou espaço inaugural onde raia a aurora de um conhecimento nascente.

Nisso, creio que reside sua força simbólica, a capacidade que demonstra de ir além dos limites da situação, para alçar-se como grande escritor na exploração de frestas insuspeitadas da realidade, revelando-nos uma riqueza e uma complexidade que superam de muito o drama do garoto apaixonado pela professora.

A prosa de ficção que vai assim surgindo pode beber muito da fonte inesgotável dos sonhos, mas depende sobretudo de um constante desejo de saber para o qual os seres e os objetos, frequentemente animizados sob o olhar do narrador, se entrelaçam entre si e aos desejos e emoções humanas, mas vivem e revivem na interioridade de um sujeito que remói sua experiência de infância, ao mesmo tempo que se espiona ao fazê-lo. A curiosidade indiscreta é a expressão desse processo profundo de autoconhecimento, que é também um modo de apreensão do mundo de outra perspectiva. Aqui Felisberto sai do reino das meras excentricidades para mirar na direção de algo maior.

Esse ângulo especial de visão das coisas confere grande originalidade a toda a sua obra narrativa, que se torna extraordinária, quando em muitos momentos demonstra saber transpor os próprios limites que seu narrador se impõe, para se infiltrar por regiões desconhecidas da realidade tida por corriqueira: sua excentricidade deve então ser tomada no sentido etimológico do termo, como visão que se afasta do centro, para dar a ver da periferia um mundo outro, que, no entanto, reconhecemos como humano e verdadeiro. O fundamental de sua arte estará, pois, no poder de transfigurar o seu conjunto de excentricidades em símbolo capaz de superar o plano das singularidades individuais e configurar, de forma coerente, uma hipótese de ser, em que de algum modo nos reencontramos.

6. Quando dois são três ou mais*

(Borges, Bioy, Bustos Domecq)

1.

Estes livros são fruto da colaboração de dois grandes escritores que um encontro casual tornou amigos, marcando para sempre suas longas vidas paralelas. Brotaram em parte do acaso e da livre invenção, mas também da determinação férrea e da militância de seus autores num trabalho comum de anos a fio, levado adiante decerto com muito senso de humor. Vários resultados decorreriam dessa íntima parceria: crônicas e contos policiais ou fantásticos de intenção satírica, roteiros para cinema, artigos e prefácios, a direção de coleções de livros, a compilação de antologias, a anotação de obras clássicas.

Movidos pela paixão argentina da amizade e por outra que não lhe ficava atrás — a da literatura —, Jorge Luis Borges e Adolfo Bioy Casares inventaram também, logo depois de se conhece-

*Prefácio para a edição brasileira (Editora Globo) das *Crônicas e novos contos de Bustos Domecq*.

rem, na década de 1930, um heterônimo: H. Bustos Domecq.[14] Sem nunca terem se referido a Fernando Pessoa, praticaram à maneira dele, no entanto, uma dramatização similar de eus potenciais que traziam dentro de si, com a peculiaridade de serem dois a criarem um terceiro. Embora sem a radicalidade e a importância estética dos heterônimos pessoanos, o que fizeram em parceria tem implicações não menos essenciais e complexas para sua própria produção ortônima, siderada, cada uma a seu modo, pelos enigmas do outro e pelas questões gerais da divisão do ser e da alteridade.

Como em geral acontece nesses casos, Bustos Domecq era o primeiro de uma série; para se ter uma ideia desses avatares, basta considerar o que tem a dizer sobre o assunto B. Suárez Lynch, outro heterônimo que nasceu junto com o primeiro argumento policial sonhado pelos parceiros, ou recorrer ao depoimento do detetive encarcerado Isidro Parodi,[15] que resultou dessa curiosa multiplicação de escritores. Sem falar, é claro, da parte de Borges, em certos personagens ficcionais como Pierre Menard ou o "outro Borges" narrador, *hacedor* recorrente e múltiplo no espelho de suas ficções. Todos eles têm implicações estéticas importantíssimas na configuração das obras de próprio punho que Borges e Bioy escreveram.

A colaboração entre os dois amigos tinha nascido de uma brincadeira bem conhecida: compuseram a quatro mãos o folheto publicitário de um iogurte produzido por La Martona, a companhia leiteira dos Casares, e se a experiência valeu como uma deci-

14. Veja-se o relato que dá desse primeiro encontro Bioy Casares no seu diário póstumo *Borges* (Edición al cuidado de Daniel Martino. Barcelona: Ediciones Destino, 2006 [Col. "Imago mundi"]), pp. 27 ss.

15. O leitor só terá a ganhar com a leitura esclarecedora do excelente "Prefácio" que Júlio Pimentel Pinto escreveu para *Um modelo para a* morte/*Os suburbanos*/*O paraíso dos crentes*. São Paulo: Globo, 2008.

siva aprendizagem para o então jovem Bioy — que assim queimava etapas na árdua disciplina de aprender a escrever —, não parece ter sido menos importante para Borges, cujo veio satírico aflorou em sua própria obra com maior intensidade e brilho nos anos seguintes, quando os encontros se reiteram quase a cada dia, até aproximadamente um mês antes de sua morte, em 14 de junho de 1986.

O novo escritor resultante da obstinada parceria foi tratado, desde o início, com todas as honras da casa, isto é, com a mesma refinada arte, espírito lúdico, consciência crítica, autoironia e sentido paródico que caracterizou a dedicação de ambos ao ofício das letras. Por isso mesmo, não se deve confundir essa colaboração contumaz e decisiva com outras a que se entregou Borges ao longo dos anos, pois nenhuma das demais pode ser comparada a esta sob o aspecto literário, em termos de valor e significação.[16] É também por esse motivo que Bustos Domecq se torna um sósia capaz de se imiscuir no modo de ser mais íntimo das obras de ambos. Ou melhor, é por essa razão que ele as representa sob um aspecto fundamental, cujas implicações mais fundas não foram ainda de todo examinadas e avaliadas, pois se inserem no tecido mais delicado e fino da constituição dos textos e dependem, para se mostrarem, da exegese cerrada das obras individuais.

Borges e Bioy (que em fotos se fundiram ludicamente em *Biorges*) só conseguiram que esse duplo sobrevivesse (e se multiplicasse) através de um persistente trabalho cotidiano durante anos seguidos, de que o diário póstumo de Bioy sobre o amigo nos dá um longo testemunho, revelador e comovente.[17] Na verdade,

16. Não é, pois, sem razão que Bioy fica indignado quando, nas *Obras en colaboración*, da editora Emecé, seu trabalho com Borges é posto no mesmo nível das demais colaborações. Em mais de uma passagem de seu diário sobre o amigo, citado acima, se refere ao tema.

17. Cf., nesse sentido, *Borges*, ed. cit. acima.

Bustos Domecq, em cujo nome ecoam sobrenomes de antepassados dos dois autores, parece a manifestação daquele filão recorrente do espírito satírico que atravessa a obra toda de Borges e encontrou eco na requintada ironia do amigo Bioy.

2.

Tanto a sátira quanto a ironia têm, como se sabe, uma origem dramática e dialógica em suas origens gregas. Esse pendor borgiano só ganhou de fato com a convivência miúda e contínua com Bioy, como se necessitasse de um diálogo daquele nível e daquela constância para se mostrar com força plena e de corpo inteiro, como uma espécie de princípio inventivo e organizador com que ele molda sua prosa narrativa e está na própria raiz de sua criação ficcional.

Com efeito, esse viés satírico liga-se não apenas à gênese, em termos sistemáticos, da ficção de Borges, como se vê por "Pierre Menard, autor del Quijote" que inaugura na revista *Sur*, em 1939, a sequência de contos enfeixados mais tarde nas *Ficciones*, em 1944. Encontra-se também no auge desse gênero nas mãos do autor como se comprova por "El Aleph", publicado pela primeira vez na mesma revista, em 1945, antes de integrar o volume a que dá nome, em 1949. E, por fim, está presente nessa espécie de súmula de seus contos que é "O Congresso", publicado isoladamente em 1971 e incluído n'*O livro de areia* em 1975.

Pierre Menard e Carlos Argentino Daneri (assim como Alejandro Ferri, o último guardião do Congresso) são literatos marcados pelo academicismo pedante e pela literatice. Seus sonhos literários configuram, no entanto, vastos projetos impossíveis, derivados da herança simbolista, com seu idealismo espiritualista e seus anelos de absoluto, conforme se observa em Mallarmé. É nessa direção que deita suas raízes mais profundas uma das tendências predominantes da literatura moderna do século XX, como demonstrou com precisão Edmund Wilson, em seu *Axel's Castle*. Também a própria obra de Borges parece nela mergulhar, já que a todo momento glosa e parodia as altas aspirações e os cacoetes desse período, que, sem dúvida, deve ter sido decisivo para a sua formação.

Esse momento pós-simbolista que se estende pelo século XX adentro teve em Paul Valéry, como é sabido, um de seus mentores mais eminentes e decerto um indicador do desenvolvimento a que chegou a autoconsciência literária moderna com relação a seus próprios meios e fins. Borges parece travar um diálogo constante e fecundo com a herança simbolista catalisada por Valéry, cuja presença transparece com nitidez na invenção de Pierre Menard. Com efeito, percebe-se neste certa semelhança com o personagem de fantasia, a quem só conhecemos através de pessoas interpostas, que é Monsieur Teste. Também só conhecemos Menard por intermédio de seus amigos e de seus detratores, ou pelas obras visíveis e invisíveis arroladas pelo narrador, cujo relato parece ainda obedecer ao esquema construtivo de uma resenha literária. É muito significativo que entre as obras relacionadas haja uma cômica "transposição em alexandrinos do *Cimetière marin* de Paul Valéry", além de uma contraditória invectiva contra esse autor. Trata-se, na verdade, de todo um contexto biográfico-literário que serve de fonte para a invenção borgiana, marcada pela memória daqueles salões literários, das preciosas baronesas desgarradas, das revistas um tanto secretas, dos literatos minuciosamente pedantes, investidos por antecipação da grandiosidade dos projetos irrealizáveis e inúteis a que aspiram.

Desse contexto histórico-literário, Borges retira um elemento fundamental de composição de seus contos e um determinado sentido da própria invenção ficcional: a concepção que reduz o texto a um produto de outros textos, e a literatura à própria fonte da literatura. Uma concepção que faz da memória, cujo repositório é a tradição, o buraco negro onde se dissolve a própria ideia de autoria. Desse ponto de vista, que parece se casar à perfeição com um difuso panteísmo idealista na consideração do universo, todos os autores são o mesmo autor e nenhum, uma vez que toda verdadeira invenção individual acaba por pertencer, em última instância, à tradição comum.

A linhagem que vai de Poe a Valéry encontrou no autor de "O corvo" a ideia matriz da obra como um projeto intelectual, que tantas consequências teria na tradição da modernidade. Além disso, também derivou de Poe a noção moderna do poema como um objeto de palavras concentrado em si mesmo, tão consciente e deliberado quanto possível, de modo que o processo de composição tende a se tornar mais interessante que o próprio resultado a que conduz.[18] A paixão pelo método e o desprezo pelo resultado que pode rondar o vazio ou o silêncio do *ptyx* mallarmeano transformam-se em polos solidários de um ímã irresistível, para além dos apelos do mundo e da atração possível de qualquer assunto. Através dessa linhagem, a crescente consciência da linguagem poética leva ao extremo da absolutização da autonomia da obra de arte (a consciência artística se isolaria assim num último refúgio diante de um mundo cada vez mais desencantado, agressivamente invadido pela mercadoria e pelos interesses do capital, no qual a experiência do choque se tornou a norma).[19]

Ao retomar, glosar e, em certo sentido, dar continuidade a essa tradição, à primeira vista poderia parecer que a arte de Bor-

18. Cf. nesse sentido o ensaio de T. S. Eliot "From Poe to Valéry". Em *To criticize the Critic and other Writings*. Londres: Faber and Faber, 1965, pp. 27-42.
19. Ver, nesse sentido, Walter Benjamin. *Charles Baudelaire. Un poète lyrique à l'apogée du capitalisme*. Trad. Jean Lacoste. Paris: Petite Bibliothèque Payot, 1974, p. 159.

ges, sempre espelhada na autoconsciência, com sua consequente propensão intelectualista, se afastaria mais uma vez assim de toda realidade concreta e da experiência histórica. O fato paradoxal, porém, é que justamente por se vincular a esse contexto, pelo viés satírico e paródico com que pratica a crítica desmitificadora dessa linguagem rarefeita, enrodilhada sobre si mesma, é que consegue incorporar a experiência histórica através dos interstícios da própria linguagem que desmonta com tanta comicidade. Basta pensar no caso das duplicações de Menard ou de suas propostas inutilmente inovadoras que acabam por recusar aquilo mesmo que propõem: esse pretenso disparate acaba revelando camadas mais fundas e complexas das relações entre literatura e sociedade do que se poderia imaginar à primeira vista. O contexto literário vira uma matéria histórica da literatura levada até seu limite, tornando seus múltiplos e infindáveis espelhamentos em alvo da crítica. Na verdade, Borges opera, por esse meio, uma crítica do moderno, armado da mesma tradição moderna de que se serve como tema e diretriz, num movimento parecido ao de Menard.

Nesse sentido, a invenção de Bustos Domecq, espécie de Pierre Menard enredado nos bastidores da ficção de Borges e de Bioy, realiza no fundo invisível do espelho a duplicação paródica de seus inventores que nele põem à prova os limites da própria teoria literária que praticam. De algum modo, na projeção dessa figura narcísica, que é Bustos Domecq, a consciência artística se dobra vertiginosamente sobre o vazio que a espreita e desafia no fundo do espelho.

É por isso que Bustos Domecq parece ter muito que nos contar a propósito da arte da narrativa que deu fama universal ao autor das *Ficções*. É que ele se vincula à mesma tendência básica responsável por certas peculiaridades da construção do relato e de traços de estilo que nos permitem reconhecer a marca de fábrica de Borges, para quem serve de imagem especular, vigilante e secreta.

O que Bustos Domecq nos conta, porém, não é nada fácil a princípio para o leitor desprevenido. É bem verdade que os contos talvez sejam mais acessíveis e engraçados (quando não terríveis, como aquele de que vou tratar mais adiante). Mas o assunto das crônicas é um comentário escarninho e paródico de tipos e atitudes mentais do mundo cultural e político argentino da época, sobretudo dos círculos acadêmicos, cujo discurso inflado até o bombástico, com recheios de literatice e pedantismo, é glosado e parodiado a cada passo. São literatos, escultores, arquitetos e pintores imaginários, mas verossímeis em seu meio, como se fossem imagens vivas e exemplares do que se entende por moderno, a estética dominante com sua constelação de atributos consagrados, respeitados, temidos, vistos aqui no entanto pelo viés da ironia e da sátira.

Apesar das inúmeras referências à literatura universal, a matéria peculiar das crônicas, tanto pelo localismo quanto pela expressão obscuramente alusiva ou cifrada, torna-se de difícil entendimento imediato, embora muitas passagens sejam contundentes pela agudeza e de uma comicidade por vezes hilária. Essa dificuldade inicial, que corre o risco de tornar a leitura tediosa, não deve, porém, intimidar o leitor, que encontrará motivos de sobra para se aventurar na decifração exigente desses relatos, nos quais são discutidas, sob máscaras do cotidiano, as contradições e os percalços da modernidade todo-poderosa numa sociedade em desenvolvimento, na qual a retórica e a ideologia do nacionalismo não correspondem à estética moderna dominante, criando um descompasso cômico e uma profusão de disparates. O sonho da razão mais uma vez engendra monstros, como se verá.

Além disso, ao parodiar pretensões ridículas da linguagem elevada dos literatos, Borges parece estar também zombando de si mesmo e tratando de exorcizar o estilo solto, a prosa retórica e guindada de sua mocidade, quando ele se mostrava incansável na busca do assombro a cada frase e dado a floreios e excessos barrocos que pareciam se casar às mil maravilhas com o seu pendor nacionalista de então. De tudo isso fugiria como o diabo da cruz mais tarde. Mas, ao longo dos anos, enquanto se desfazia do nacionalismo (sobretudo ao se defrontar com o nacionalismo peronista e com os horrores do nacional-socialismo e da Segunda Guerra Mundial), foi deixando também os excessos estilísticos pelo caminho. Em parte pelo contato com Bioy Casares — "mestre não é quem sempre ensina, mas quem de repente aprende", como diria nosso Guimarães Rosa —; em parte talvez também pelos modelos de Alfonso Reyes e de Paul Groussac,[20] cuja frase límpida admirava pela sabedoria de tornar invisível todo esforço de estilo. Afora isso, houve decerto o amadurecimento natural que os anos trazem: a lenta acumulação da experiência que, na tradição ocidental, desde Demócrito e Longino, sabemos ser a medida do estilo. O fato é que a soma complexa de tudo isso acabou levando afinal Borges à prosa contida, de clareza e elegância clássicas, que se tornou dominante na obra madura.

3.

Os criadores de Bustos Domecq divertem-se a cada linha com suas próprias brincadeiras, mas é árduo acompanhá-los em seus jogos verbais e no alcance de suas tiradas ferinas e sibilinas, cuja ferocidade disfarçada em chiste não deixa pedra sobre pedra no quem é quem do mundo cultural e político a que remetem, com verve sempre mordente e de vez em quando maldosa. Talvez se possa resumir a matéria geral de que tratam, lembrando o tema

20. Cf. o que diz nesse sentido em "Paul Groussac". Em *Discussão*. Trad. Josely Vianna Baptista. São Paulo: Companhia das Letras, 2008, p. 94.

medular das obras finais de Flaubert, *Bouvard et Pécuchet* e o *Dictionnaire des idées reçues:* a *bêtise* humana. Borges voltou diversas vezes a essas obras a partir da "vindicação" que escreveu sobre elas em seu livro *Discussão,*[21] de 1932, mas explorou sub-repticiamente seu tema central nos textos em colaboração com Bioy. A idiotice em seu contexto meramente argentino vem então fartamente ilustrada e caricaturizada no discurso academicista em que ambos se eximem nesses textos, discurso esse encarnado e ridicularizado desde o "Prólogo" de Gervasio Montenegro para as *Crônicas.*

Borges não se limitou a ler e comentar as obras finais de Flaubert; seu ensaio revela também o empenho com que acompanhou a repercussão que elas tiveram no meio francês, como na lúcida leitura de Rémy de Gourmont, crítico cuja importância para nosso autor não foi ainda de todo estudada. Rémy de Gourmont pertence justamente àquele momento do pós-simbolismo tão rico de ideias estéticas e sugestões que alimentariam a imaginação de nosso autor na criação de Pierre Menard, Carlos Argentino Daneri e Alejandro Ferri, e deve ter sido uma das suas referências para o estudo e o aproveitamento da obra de Marcel Schwob,[22] a cujas *Vies imaginaires* Borges se referirá de modo explícito como uma das fontes de sua *História universal da infâmia.*[23]

Na verdade, a relação com o último Flaubert revela o vínculo de Borges com a longa tradição das metamorfoses da sátira menipeia ou de Varrão, de que foram balizas autores tão destacados por ele, como Swift, o Samuel Butler de *Erewhon,* o Voltaire de *Candide.* Como no caso de nosso Machado de Assis com as *Memórias*

21. Cf. na ed. cit. acima o ensaio "Vindicação de *Bouvard et Pécuchet*", pp. 135-40.
22. Ver as excelentes anotações de Jean-Pierre Bernès a esse respeito na edição de Borges da Pléiade: *Oeuvres complètes.* Paris: Gallimard, 1993, vol. I, pp. 1484 ss.
23. Cf. "Vidas imaginarias". Em: Jorge Luis Borges. *Biblioteca personal. Prólogos.* Buenos Aires: Emecé, 1998, p. 112. No mesmo sentido, ver também sua *Autobiografía. 1899-1970.* Buenos Aires: El Ateneo, 1999, pp. 101-2.

póstumas de Brás Cubas (ou com "O alienista"),[24] a quem jamais se referiu Borges, trata-se da mesma tradição que remonta até Luciano de Samósata, evocado por nosso autor no admirável "Diálogo de mortos" d' *O fazedor*, no qual pratica uma remontagem da experiência histórica da formação da nação argentina através de uma conversa imaginária, tão insólita quanto iluminadora, entre Facundo e Rosas.

Para os autores dessa tradição, a fantasia intelectual aliada ao humor tem mais peso do que a coesão dos eventos num enredo determinado, como se vê na prosa digressiva de Laurence Sterne, citado por Machado, e os traços estilizados e caricaturais dos personagens representam antes atitudes mentais que o estofo simbólico das contradições de um caráter ou pessoa moral conforme a tradição do realismo no romance, mas um mesmo efeito realista é obtido aqui por outros meios. Em muitas dessas crônicas e contos, os caracteres se prestam sobretudo à caricatura corrosiva de estereótipos e mazelas do ambiente social. Constituem, portanto, fulcros para uma leitura crítica, por intermédio das deformações caricaturais da linguagem, da sociedade em que se inserem e que por sua vez neles se espelha e se resume, projetada, pelo modo de ser de seu próprio discurso, em alto-relevo grotesco.

É surpreendente observar como Borges (com seu fiel escudeiro Bioy) se aproxima assim, através de Bustos Domecq, de uma forma de realismo grotesco, semelhante ao da tradição estudada por Mikhail Bakhtin, expressa, no caso, pela visão cômico-fantástica da sociedade argentina. Com efeito, as crônicas e os contos de Bustos Domecq constituem uma crítica feroz baseada no "*cômico*

24. Creio que foi José Guilherme Merquior o primeiro a chamar a atenção para esse vínculo de Machado com a tradição da sátira menipeia, que, se não basta para explicá-lo, ajuda a compreendê-lo. Cf. J. G. Merquior. "Gênero e estilo das *Memórias póstumas de Brás Cubas*", *Colóquio/Letras*, 8, 1972.

de la lengua", erodindo a sociedade a partir do interior de sua linguagem, com o cáustico veneno de suas próprias palavras. Borges sempre afirmou que saber como fala um personagem é saber como ele é: a fala que caracteriza os seus nesses textos de corte humorístico, largamente bebida nas informalidades do discurso oral e na contínua mescla com a prosa oratória, funciona como um espelho *esperpéntico*[25] da sociedade do tempo, alvo da deformação grotesca, mas criticamente reveladora pela penetração e contundência que lhe imprime o olhar satírico.

Nesse sentido, para se ter uma ideia precisa disso a que me refiro basta ler o imbróglio linguístico — mescla de um registro informal da linguagem falada na Argentina com o lunfardo e abundantes italianismos — que o antiperonismo dos dois amigos (sobretudo o de Borges) põe na boca de um militante peronista de Pujato, em 1947.[26]

4.

Trata-se de "A festa do Monstro",[27] certamente o texto mais terrível da coletânea, o que significa que, pela voz de seu heterônimo Bustos Domecq, Borges e Bioy se arriscam a dizer coisas que não chegaram a exprimir com todas as letras em suas obras ortô-

25. Como se sabe, o *esperpento* é o gênero teatral criado pelo escritor espanhol Ramón del Valle-Inclán que nos apresenta, de modo expressionista, uma realidade grotescamente deformada.
26. Pujato é a cidade da província de Santa Fe onde teria nascido Bustos Domecq. Veja-se o irônico perfil biográfico de H. Bustos Domecq que se acha na abertura da primeira edição dos *Seis problemas para don Isidro Parodi*, pretensamente escrito pela "educadora, señorita Adelma Badoglio". Buenos Aires: Sur, 1942, pp. 7-8.
27. Ver esse relato nos *Novos contos de Bustos Domecq*.

nimes. Borges afirmou certa vez ter descoberto que a "brutalidade pode ser uma virtude literária".[28] Se há texto brutal na literatura argentina digno de se ombrear com *El Matadero* de Esteban Echeverría ou com certa página do poema gauchesco *La Refalosa* de Ascasubi, cujo caráter íntimo é "uma sorte de inocente e grosseira ferocidade", segundo o próprio Borges, será esta narrativa em questão. Não é à toa que lhe serve de epígrafe um verso daquele poema. Dele pode ter saído ainda a ideia de que uma "batalha pode ser também uma festa", como assinalou mais uma vez nosso autor.[29]

O conto reproduz, até certo ponto, o clima de violência e brutalidade que marcou a memória histórica argentina dos anos 1940. Depoimentos de testemunhas oculares desse tempo relatam conflitos de rua, com espancamentos, pedradas e tiros que ocorreram em Buenos Aires, logo após a ascensão de Perón ao poder, em fevereiro de 1946,[30] mas o foco principal da narrativa centra-se sobretudo na violência intestina da mobilização social e política que deu sustentação ao peronismo.[31]

28. Em *Prólogos con un prólogo de prólogos*. Buenos Aires: Torres Agüero Editor, 1975, pp. 81-2.
29. Op. cit., p. 21.
30. Ver, nesse sentido, o relato de Scott Seegers, reproduzido no livro de Donald Marquand Dozer, *América Latina. Uma perspectiva histórica*. Trad. Leonel Vallandro. Porto Alegre: Ed. Globo/Edusp, 1966, p. 571.
31. A natureza da mobilização popular tem estado no centro da discussão sociológica em torno das relações entre peronismo e fascismo, desde os estudos pioneiros de Gino Germani, que procurou diferenciá-los com base no tipo de mobilização: o peronismo teria nascido de uma mobilização primária do operariado, característica da sociedade tradicional; o fascismo italiano, da conjugação simultânea da mobilização primária e da secundária, esta própria de uma sociedade modernizada, envolvendo as classes médias. Até a Primeira Guerra Mundial, a mobilização primária da classe operária italiana teria encontrado canais de expressão aceitos e tolerados e, apesar do ritmo crescente da mobilização no pós-guerra, não teria conseguido tomar o poder por não encontrar

Tal como se mostra no relato direto, em primeira pessoa, de um militante, durante os preparativos para um comício de Perón na Plaza de Mayo, a narrativa aproxima o populismo peronista das formas da violência fascista, com suas tropas de choque, pancadarias, estandartes, insígnias, cantorias e pichações, e do nazismo, pelo antissemitismo, levado até o extremo da execução de um moço judeu, nomeado, a certa altura, como um *jude*.

O tratamento ficcional dessa matéria histórica e conflituosa numa narração em primeira pessoa de um participante direto permite a expressão interna e dramatizada dos acontecimentos que é com certeza do maior interesse, pois, além de outras implicações a serem examinadas mais adiante, vai contra a própria postulação borgiana da realidade na ficção.

Num ensaio importante de seu livro *Discussão*, "A postulação da realidade", Borges nega a identificação feita por Benedetto Croce entre arte e expressão e recusa, consequentemente, a prevalência do modo imediato e expressivo adotado pelos românticos para se exprimirem pela cena dramática direta. Defende então, ao contrário, o seu próprio modo de narrar, filiado às formas clássicas de

---

uma elite disponível; daí o deslocamento da violência fascista dessas massas em disponibilidade que então se associam à mobilização das classes médias proletarizadas pela guerra. O peronismo, apesar dos múltiplos aspectos totalitários, de traços nitidamente fascistas, seria antes um movimento nacional-popular, não muito diferente da mobilização liberal-popular do partido radical com o qual disputava o poder na Argentina. Estudos posteriores refinam as diferenças entre o quadro europeu e o latino-americano, como se vê no trabalho de Torcuato Di Tella, que mostra como o peronismo não conta propriamente com uma classe operária organizada, mas com um "espontaneísmo operário", com forte antagonismo às classes altas e enorme atração pela violência, sujeito, pela frágil perspectiva social, à manipulação pelas lideranças sindicais instáveis e pela demagogia política. Para uma discussão mais ampla do problema, ver a ótima conferência de Hélgio Trindade, que me serviu de base para esta nota: "Fascismo e neofascismo na América Latina". Em: Luis Milman e Paulo F. Vizentini. *Neonazismo, negacionismo e extremismo político*. Porto Alegre: UNFRGS/CORAG, 2000.

apresentação mediata da realidade: seja através de uma notação genérica dos fatos que importam, seja imaginando uma realidade mais complexa do que a declarada ao leitor, seja, por fim, pelo método mais difícil mas seu preferido, da invenção circunstancial, mediante a criação de "pormenores lacônicos de longa projeção".[32] Sem abdicar da riqueza dos pormenores concretos, levados aqui até o máximo de sua potencialidade alusiva, o narrador nos apresenta o relato minucioso, intenso, atroz, do assassinato de uma vítima aparentemente casual.

Embora escrito de uma perspectiva política contrária à do peronismo, a construção e a eficácia estética do conto dependem da penetração coerente e adequada na matéria espinhosa de que trata a ficção para que sua forma significativa vá além do panfleto antiperonista e do mero documento histórico de uma época turbulenta da vida argentina. É só assim que a ficção consegue extrair da experiência histórica, por via da imaginação, um conhecimento de valor simbólico que está além do meramente factual.

No texto, o narrador relata à mulher (namorada ou amante), Nelly, um dia de "jornada cívica como manda o figurino". Seu tom é de intimidade confidencial e vulgaridade melosa, o que lhe permite as baixarias mais simplórias e a pieguice infantil mais derramada — "Seu porquinho vai confidenciar a você, Nelly...", ou ainda: "Deixe que o Pato Donald dê outro beliscão no seu pescocinho...".

É bem provável que este continho, a princípio cômico, mascarado pela brincadeira e desviado pelo interlúdio amoroso, seja o mais violento que se possa achar entre os textos do próprio Borges (mesmo se incluirmos as obras em colaboração), apesar da paixão neles reiterada pela disputa física ou intelectual, pela briga de facas e pelo gosto de sangue dos tigres. Nem a história feroz das de-

32. Cf. *Discussão*, ed. cit., pp. 71-7. A citação se acha à p. 77.

golas de "O outro duelo", em *O informe de Brodie*, se compara a essa narrativa, cuja brutalidade latente a cada linha irrompe de súbito com a violência de tragédia no que poderia ser um mero episódio de rua. Não será por nada que a inconsciência e a memória do narrador logo o apagam, cedendo lugar à comoção diante da palavra do líder.

Um moço judeu, de óculos e com livros debaixo do braço, atravessa por acaso o caminho da tropa de choque dos peronistas e é instado a saudar o estandarte e a foto do Monstro. Recusando por ter opinião própria diversa da malta que o assedia, é de súbito atirado contra a parede de um prédio sem janelas num terreno baldio onde, rodeado pela multidão delirante em semicírculo, é exterminado a pedradas. O narrador crava-lhe um canivete (o mesmo que usara para vandalizar os assentos do ônibus durante o trajeto) no que lhe resta de rosto, roubam seus pertences e queimam seu cadáver. Torna-se, assim, uma espécie de *pharmakos*, bode expiatório ou vítima sacrificial do excesso e da ferocidade enrustida mas sôfrega da milícia política, armada até os dentes (com revólveres fornecidos pelo Departamento de Polícia) e arrebatada pelo entusiasmo de um deus ausente até o momento culminante da "festa do Monstro".

Com essa expressão figurada se alude, como a um nome proibido ou indizível — um nome sagrado —, ao comício de Perón, cujo pronunciamento em cadeia radiofônica parece trazer, num *gran finale*, a completa harmonia à massa, antes dominada pela violência unânime. A música desempenha, aliás, um papel aglutinador e metafórico ao enfeixar as vozes numa força única: as marchinhas patrióticas de louvor ao líder misturam-se aos berros, vociferações, hurras, ao "*Adiós que me voy llorando*", até o "*Adiós, Pampa mía*", entoado em coro de um grito uníssono no momento que precede a lapidação do jovem judeu.

Desde o início, porém, a violência intestina da milícia se arma num feixe só, como um arco num crescendo de tensão até o desfecho no instante do apedrejamento em que se cumpre, como num ritual, o sacrifício humano, ao qual se segue o referido momento final de distensão e apaziguamento diante da palavra do líder. O diálogo melado em primeiro plano consiste, pois, numa desconversa literal quanto à tensão crescente do que está sendo dito por esse motorista de ônibus transformado em feroz militante, cujo empenho é a travessia tumultuada — em caminhão, ônibus e bonde — de Tolosa à Plaza de Mayo, no coração histórico de Buenos Aires onde vai se dar a "festa do Monstro".

Os termos "festa" e "monstro", ligados sintaticamente na expressão do título, revelam um enlace mais fundo, do ponto de vista semântico, porque remetem a um mesmo mundo de exceção. Sabemos muito bem que a festa[33] instaura um mundo diferente da rotina do dia a dia, um tempo de excessos, e desde o início de seu relato o narrador parece estar tomado por um frenesi incontrolável: entusiasta insone, ele mal pode esperar pelo caminhão que o levará a seu destino, da mesma forma que depois viverá o constrangimento da permanência obrigatória no grupo, mantida a tapas, pescoções e pontapés.

Assim como a palavra "festa" parece implicar a explosão dos sentidos e a situação extrema em que a alegria transbordante e a angústia se estreitam, em que o paroxismo de vida se limita com a violência, a destruição e a morte, a palavra "monstro" parece também conter uma análoga ambivalência irônica. Ela serve tanto para designar o ser de exceção que é o líder carismático, encarnação do sagrado para os militantes, quanto para guardar oculta a ameaça do crime contrário à natureza: pode significar também a

33. Ver para uma teoria da festa Roger Caillois. *L'homme et le sacré*. Paris: Gallimard, 1950, pp. 123 ss., e especialmente, para as relações entre festa e sacrifício: René Girard. *La violence et le sacré*. Paris: Grasset, 1972.

anomalia teratológica, a deformidade fantástica que parece se exteriorizar na fúria de que é possuída a massa a caminho do comício e da comemoração.

Um dos momentos decisivos desse processo, em meio ao frenesi vivido pelo narrador nos preparativos da festa, é quando, sem conciliar o sono, se sente dominado "pelo mais são patriotismo", representado pela imagem invasora do Monstro sorrindo e falando com ele como "o grande labutador argentino que é". Observa-se assim que o líder é o duplo monstruoso dele mesmo, com o qual se identifica inteiramente: o foco de seu desejo e o absoluto a que aspira, imagem sublimada da quinta-essência do nacionalismo. Adormece então e sonha com o episódio mais feliz de sua infância, numa chácara a que a mãe já morta o teria levado, onde brinca com um cachorro manso, Lomuto, que ele acaricia; sonha depois com o Monstro nomeando-o sua mascote e, a seguir, seu "Gran Perro Bonzo". "Acordei e, para sonhar tanto despropósito, havia dormido cinco minutos." Seu sonho de paraíso se reduz à função de cão de guarda do líder.

No extremo, a imagem sugerida pelo narrador, a que poderíamos denominar "Grande Labutador", funciona como um duplo projetado pelo desejo mimético do trabalhador/narrador, que nela parece encontrar a sua transcendência. Ela ocupa o lugar do sagrado, cujo fundo sem fundo é a mais absoluta violência. Parte dessa violência (como num ritual) se encarna na vítima no momento do sacrifício,[34] que é um modo de religar o sagrado com a transcendência.

A milícia não pode existir sem a figura sagrada, mas tampouco pode se entregar à violência que lhe é constitutiva sem se entre-

34. Para o sentido que atribuo aqui ao sacrifício e para as questões relativas ao duplo monstruoso e o desejo mimético, ver *La violence et le sacré*, de René Girard, op. cit.

gar à destruição recíproca de seus membros. O apaziguamento final que a voz do Líder em cadeia parece trazer à massa de seus seguidores, após o sacrifício do jovem encontrado pelo caminho, na verdade mascara a violência intestina da milícia que surge espontaneamente do entrechoque de seus participantes como uma faísca irradiante. No entanto, é dessa violência unânime que se alimenta o Monstro. O sacrifício do outro (do judeu que não pertence ao grupo e afirma sua divergência para com ele) toma assim a forma de um substitutivo à violência recíproca que reina internamente entre os militantes, que se destruiriam mutuamente se não encontrassem vazão no sacrifício. O nacionalismo extremado e acrítico exige a eliminação do outro, para evitar a autodestruição intestina de seus partidários. A imolação da vítima (e da alteridade divergente) vira condição de sobrevivência do grupo.

A visão caricata e satírica que Borges e Bioy apresentam do peronismo, assimilado ao nazifascismo, através desse conto de Bustos Domecq, não está decerto isenta dos temores que a mobilização social e política peronista provocou, com seu ódio às classes altas argentinas, ao arregimentar a massa dos trabalhadores, entre os quais milhares de descendentes de italianos que as levas da imigração haviam trazido ao país. Os italianismos que compõem a algaravia do narrador do conto não deixam de ser um registro ambivalente desse processo de transformação social pelo qual passou a sociedade argentina sob a liderança carismática de Perón. Na prosa italianada e sibilante do narrador talvez esteja enredado também o preconceito sob o qual se oculta o medo ao outro que vinha ocupar também o espaço da nação.

Contudo, a análise da raiz da violência tal como se configura nesse breve relato vai muito além dos prejuízos de classe que o texto possa também conter, para exprimir as contradições mais fundas do processo de modernização com as aberrações a que ela por certo também deu lugar. Temores semelhantes levaram Sarmiento, no século XIX, a pregar contra a barbárie dos *gauchos* em nome da civilização fundada na ideologia do liberalismo; eles parecem retornar aqui diante da tentativa de organização das massas trabalhadoras nos tempos de Perón, quando, segundo Borges, "a barbárie não só está no campo, mas na plebe das grandes cidades, e o demagogo cumpre a função do antigo caudilho, que era também um demagogo".[35] Embora eivado de problemas, desacertos e descalabros, além, sem dúvida, dos fortes traços autoritários, o peronismo constitui uma etapa decisiva do processo de modernização da sociedade argentina que é preciso compreender com todas as suas contradições.

A verdade poderosa e mais funda, porém, é que Borges parece ter encontrado na convivência íntima e criativa com o outro, nesse vínculo da amizade com a paixão literária, uma crítica aguda do que representa de fato o nacionalismo numa sociedade em desenvolvimento e em busca de si mesma. Percebeu, por isso mesmo, o desajuste da vida cultural argentina, com sua pretensa modernidade, que não correspondia inteiramente aos fundamentos da realidade social. A lição esclarecedora dessa longa e frutífera aprendizagem de mais de cinquenta anos de parceria com Bioy Casares está não apenas nesse conto, mas em todos os escritos atribuídos a esse ser de imaginação, resultado da convivência humana e livre entre dois amigos, que se chama Bustos Domecq.

35. Cf. Borges, J. L. "Domingo F. Sarmiento — *Facundo*". Em *Prólogos con un prólogo de prólogos*. Buenos Aires: Torres Agüero Editor, 1975, p. 134.

7. Fala sobre Rulfo*

Há poucos dias reli *Pedro Páramo*, a caminho do México. Fazia muitos anos que não o relia. O que senti é que o romance permanece intacto em sua grandeza; quer dizer, continua sendo, como sempre julguei que fosse, um dos maiores livros da América Latina. Considero *Pedro Páramo* e também os contos que o prepararam obras notáveis. Continuo mantendo Rulfo entre os escritores mais marcantes que li na vida. Cada vez mais percebo coisas novas em sua obra, e sobre isso gostaria de falar agora.

Em 1986, quando de sua morte, pediram-me (na verdade, creio que foi Marília Pacheco Fiorillo, da *Folha de S.Paulo*) que escrevesse um artigo. Escrevi um ensaio emocionado de uma vez só; escrevi também, cá entre nós, um pouco malandramente, para contradizer Emir Rodríguez Monegal, Julio Ortega e Octavio Paz,

*Este texto, reescrito e bastante modificado, nasceu de uma entrevista aos professores Walter Carlos Costa e Rafael Camorlinga, publicada na revista *Fragmentos*, em número dedicado ao escritor mexicano (nº 27, pp. 133-48, Florianópolis, UFSC, jul./dez. 2004).

porque discordava de muitos aspectos que sempre me pareceram problemáticos ou até equivocados na leitura desses críticos. Não concordo, sobretudo, com o peso que atribuem ao mito (o retorno regressivo a que conduziria a busca do pai) e a oposição decorrente que estabelecem entre mito e realismo, pois isso me parece mal colocado, acabando por encobrir questões decisivas. E, agora, relendo, tornei a perceber um filão importante, como se revivesse, mais forte, a primeira emoção da leitura.

Em primeiro lugar, uma proximidade extraordinária entre a novidade de Rulfo e a novidade de Guimarães Rosa: os dois grandes escritores foram amigos e têm afinidades secretas mais amplas do que se imaginaria à primeira vista. Na verdade, têm pontos de contato em aspectos profundos da construção da narrativa, nem sempre óbvios; passaram decerto bons momentos de amistosa convivência no México, como soube por Valquiria Wey, grande conhecedora de ambos, que pôde vê-los juntos, em casa de seu pai, Walter Wey, na capital mexicana. Além disso, Rulfo foi, dos escritores hispano-americanos, talvez o que mais soubesse de literatura brasileira; de longe, o que deu mais atenção ao Brasil, quase sempre ignorado na América Latina, onde a maioria das pessoas alega não entender português e não faz o mínimo esforço para isso.

Agora vejo que Rulfo deve ter percebido a importância de um aspecto técnico importantíssimo, de um procedimento que implicava, na verdade, uma reviravolta fundamental na construção do romance capaz de ir muito além da própria técnica, pois dependia de fato de uma mudança na visão da realidade a ser trabalhada na ficção. Isso que nele é um modo inovador e essencial de dar forma à matéria que tinha em mãos, em 1955, começou a se mostrar mais claramente, entre nós, no Brasil, com Graciliano Ramos, mas se iniciou talvez com Rachel de Queiroz, em 1930: a completa internalização do ponto de vista no interior da narrativa.

Como esses nossos escritores, Rulfo dá voz ao mundo rústico, sem pedir licença ou desculpas ao mundo letrado das cidades, radicalizando a perspectiva interiorizada do relato como faria Rosa, em seu romance, publicado um ano depois de *Pedro Páramo*. Ou seja, ocorre em Rulfo um modo de narração que muda o eixo da visão do mundo pela primeira vez, no mesmo sentido em que Rosa devia estar também trabalhando. No Brasil é algo que começa a despontar com a professorinha de Rachel, em *O quinze*, já antes balbucia na prosa oralizante do gaúcho Simões Lopes Neto, torna-se dominante no estilo indireto livre de Graciliano Ramos, em *Vidas secas*, e só se desenvolve de forma extraordinária, como um relato em primeira pessoa — um longo monólogo interior —, com a voz de Riobaldo no *Grande sertão: veredas*, a qual, muito embora inserida numa situação dialógica, é a única a que o leitor tem acesso no decorrer do relato. Em Rulfo e Rosa há uma interiorização do ponto de vista narrativo do ângulo do pobre, o que configura uma visão de dentro do mundo ficcional. Nos dois, a fala interior do pobre se mostra em toda a sua complexidade, não menos complexa do que a de qualquer outro personagem de nível social superior em qualquer parte do mundo. Isso não havia antes deles no romance latino-americano, pelo menos com o grau de radicalidade e complexidade com que trabalharam a técnica de narrar em adequação à matéria que tinham em vista. E, por isso mesmo, *Pedro Páramo* e *Grande sertão: veredas* não são o que são apenas por terem adotado a técnica do monólogo interior, que já vinha de uma longa história quando essas obras foram escritas, mas que neles se transforma radicalmente.

A *novela de la tierra* e o regionalismo brasileiro manifestaram aquela dicotomia, que Antonio Candido estudou muito bem, do letrado que quer falar sobre o mundo rústico e usa um registro culto para se referir ao outro, através da voz de seu narrador, que apenas concede espaço para o vocabulário e as deformações linguísticas dos personagens, explicadas num glossário final. Então, ambos, Rulfo e Rosa, dão voz ao outro; confundem-se com ele; fundem-se nele; partem dele. O que o Guimarães Rosa, em 1956, fez com *Grande sertão: veredas*, Rulfo fez, no México, em 1955, no *Pedro Páramo*: ambos tornaram o ponto de vista narrativo imanente à matéria narrada; o modo de narrar torna-se orgânico com relação ao que se narra.

Essa imanência na obra de Rulfo é extraordinária e diferente da de Rosa, como veremos. Em princípio, ambos dependem para tanto da fala; são escritores que se valem da oralidade, que apanham a fala do pobre, a fala do *campesino* de Jalisco, o falar do capiau, do jagunço do centro-norte de Minas Gerais, como parte da matéria a ser moldada.

O modo como interiorizam a fala num gênero escrito para ser lido é que é o grande lance que renova o romance em nosso meio. Não foi exatamente, como se costuma pensar, o monólogo interior de Faulkner ou de Joyce que mudou isso: esse é um procedimento técnico que ajuda a moldar a voz de dentro, mas não é a virada do olhar que justifica ou legitima o monólogo, a revolução social do ponto de vista sobre a matéria que se tem para narrar. É de dentro da própria matéria que nasce a necessidade íntima da técnica a ser empregada, o que transforma também o monólogo em outra coisa.

O que mudou foi essa atitude que nossos escritores adotaram diante da matéria, por penetrarem nela de corpo e alma, por serem parte dela; eles são participantes da matéria, eles não veem a matéria de fora, partem de dentro da matéria que têm para narrar. E isto é a grande novidade: essa visão interna, internalizada pelo narrador, que se faz decisiva. Ambos dependem da oralidade e da matriz do conto oral, que constitui o fundamento de nossa tradição épica, a arte oral dos contadores anônimos de casos, dos narradores tradicionais.

Inesperadamente, essa oralidade acaba se casando em liga orgânica com a tradição urbana do romance, a qual, por isso mesmo, se revela profundamente misturada e mudada entre nós com relação ao que era enquanto matriz importada, pois teve de mudar a fim de dar conta da novidade real que devia exprimir. A necessidade de exprimir uma realidade outra, misturada em si mesma pela mescla de temporalidades históricas que convivem ou coexistem em nosso meio, é que muda a técnica e o resultado: a forma do romance.

A novidade do gênero (da *novel*, em inglês, ou da *novela*, em espanhol) aqui é outra: sua nota específica está marcada pelo espaço onde a herança europeia do romance tem de se moldar novamente para ser a forma capaz de exprimir a experiência diferente que entre nós se constituiu.

Rulfo começou, como Rosa, pelo conto e agrupou e integrou os contos que dão outra forma a *Pedro Páramo*. A estrutura do *Pedro Páramo* é de mosaico, de vozes em coral, de vozes entrelaçadas num coral. Há alguma coisa de grego naquilo, como um eco do coro da tragédia: é o povo que fala, e vamos dizer que fala "desde la muerte", a partir da morte, ou seja, de dentro da "terra em ruínas", que é a expressão que se usa em *Pedro Páramo*. "La tierra en ruinas" — essa expressão surge na última ou na penúltima página do *Pedro Páramo*. Antes de morrer: "él miró la tierra en ruinas y vio el vacío". Essa coisa é dita de dentro: *desde*; nós perdemos em português a possibilidade de usar o *desde* espacial, que havia no português arcaico. Não se pode dizer em português: "desde esse ponto de vista"; nós dizemos "desse ponto de vista". O espanhol mantém o "desde" que mostra o movimento no espaço; então podemos dizer que Rulfo fala "desde dentro", "desde la tierra en ruinas". Ora, nos dois escritores, o conto oral é a matriz épica que faz vibrar toda a tradição da vasta poesia narrativa. Quer dizer, *El llano en llamas* é a preparação disso: do romance transformado por força da mistura com a épica oral. Já há uma internalização do foco muito grande em *El llano en llamas*. As matrizes da virada do ponto de vista estão lá, na base. Já está lá decerto também a influência do monólogo à maneira de Faulkner, como mostrou James Irby, muitos anos atrás. Faltou dizer, no entanto, que a técnica do monólogo já não era a mesma quando empregada por Rulfo, e nessa mudança residia uma nota decisiva fundamental. A importação do monólogo não é o decisivo. O decisivo é a revolução da visão social do ponto de vista, que permite, entre outras coisas, também o uso do monólogo: é a penetração na matéria, o que, na verdade, implica algo maior: a experiência histórica incorporada como visão da realidade.

A história passa a existir dentro, não como referência externa, não como uma descrição cronológica exterior de fatos da revolução mexicana. São fragmentos da história da revolução que aparecem dentro, como uma realidade estilhaçada na perspectiva subjetiva dos personagens, e assim incorporados como experiência por quem viveu a catástrofe histórica, que arrancou entretanto o México da subserviência e da humilhação.

Daí a confusão reinante no mundo exterior tal como se espelha no romance: ela é parecida com o que ocorre no mundo dos jagunços de Guimarães Rosa: eles às vezes lutam a favor e outras vezes contra os mesmos chefes (ou o governo). Como o próprio Zé Bebelo, hesitam em relação a suas fidelidades; às vezes Riobaldo está a favor de Zé Bebelo, às vezes contra ele, chegando a pensar em matá-lo quando, na Fazenda dos Tucanos, seu ex-aluno ameaça entregar o bando de jagunços que tem sob sua chefia aos soldados do governo. Não há propriamente uma ideologia, mas lados contrários deslizantes. Essa labilidade das posições é condizente com o caráter provisório do jagunço, que nunca tem parada definitiva em lugar nenhum e também não tem lado fixo nos combates, pois está à mercê das circunstâncias e dos que as dominam.

Também os *campesinos* de Rulfo se juntam, sem critério definido. Como Damacio: não se sabe bem do lado de quem ele está. Às vezes, é a favor de Carranza; às vezes, dos villistas. Na verdade, todos são apenas pessoas pobres de repente arrebanhadas pelo furacão da violência histórica. Assim também procedem os *gauchos* de Borges (e da história das guerras internas da Argentina); é exatamente o que acontece, como se vê na "Biografía de Tadeo Isidoro Cruz", admirável conto de *El aleph*.

O *gaucho*, nas lutas que se seguiram à independência da Argentina, ora luta contra, ora luta a favor do poder que o conduz e que ele não sabe bem qual seja. Como o próprio narrador do conto observa na narrativa de Borges, o exército tinha uma função penal e arrebanhava as pessoas; os soldados improvisados não sabiam exatamente as razões pelas quais lutavam: barbárie e civilização podem ser faces de uma moeda comum. Cruz abandona a milícia e passa para o outro lado, o lado de Martín Fierro, que é o do desertor: os lados se equiparam e a ambivalência é a regra do mundo sem lei e sem ordem estatal; a pessoa pobre é simplesmente arrastada pelo mutirão da história, manejada pelos que podem mais. Mas a história, vista de dentro, também muda de face para a nossa perplexidade, aprofundando a ambiguidade do drama humano de cuja complexidade as posições antagônicas em misturado confronto são índices significativos.

Agora, veja-se bem, o conto, a fala, não é o romance ainda; quer dizer, os contos integram-se ao romance, nessa mistura que Rulfo e Rosa elaboram, feito canais do mundo épico que desembocam no romance, mudando sua estrutura: em Rosa, o mar de histórias tomado à tradição oral começa pelo fio d'água do provérbio (ou por frases lapidares arcaizantes que lembram o provérbio), pelo caso, pelo conto oral, para ir engrossando em caudal numa história romanesca de amor e morte, de vingança, até definir-se, individuando-se, como uma história da experiência individual, da formação de um jagunço.

Mas, em termos gerais, o romance estava contido embrionariamente na epopeia e nasceu de uma potencialidade dela, de modo que há nessa mudança operada por nossos dois grandes escritores um eco originário do gênero moderno ainda misturado ao arcaico. O romance diferencia-se e destaca-se da epopeia, ao longo dos séculos, como uma história da experiência individual; é assim que ele se desgarra do destino comum do povo na epopeia e volta as costas para a tradição oral, à qual em princípio não deve nada.

Na obra de Rulfo, a relação com o mito não é, porém, só por via do pai e das questões de identidade; não se trata de matar o pai e retomar, como em Dostoiévski, o parricídio como uma das matrizes do romance. A relação com o mito que cumpre destacar nele antes de tudo não é com o mito enquanto tema, que pode ser abstraído da narrativa do romance. Na verdade, penso que Rulfo explorou um momento do mito épico, entendido como o enredo primordial à maneira do *mythos* aristotélico, que é o momento da descida ao inferno, de consulta do mundo inferior onde se dá também o reencontro com o pai.

Ou seja, o que interessa é frisar a relação formal com o mito na modalidade de narrativa adotada no livro para dar conta de fato de uma particularidade histórica concreta, que são os escombros da revolução com os quais acaba por se confundir no final a própria imagem do pai. Como no canto XI da *Odisseia*, ou, mais próximo, no canto VI da *Eneida*, quando Eneias desce aos infernos para ouvir os mortos, reencontrando seu pai, Anquises, que lhe fala de seus futuros descendentes e da grandeza futura de Roma. Esse momento do mito é provavelmente a matriz de *Pedro Páramo*; nesse romance, a descida em direção a Comala se abre para a pergunta enigmática e trágica sobre o futuro diante da terra arruinada.

Da mesma forma, em *Pedro Páramo* também penetramos com o narrador (e os narradores) no mundo dos mortos e somos levados à imagem final da terra estéril: a uma trágica visão para a perspectiva dos camponeses que viveram o conflito histórico em que se jogou, dramaticamente, o seu destino. Entramos pelo fio de uma voz que parece ser a de alguém empenhado numa busca, e na metade do romance ficamos sabendo que se trata também da voz de um morto, como as de tantos que o rodeiam. Essa entrada em Comala significa, pois, a descida aos infernos, numa busca específica que é a consulta aos mortos; equivale a uma penetração num momento fundamental do mito épico, do qual, nesse caso, deriva o romance, preso ao momento originário e poético da pergunta.

O romance desgarrou-se da epopeia; é uma narrativa que canaliza o épico na história do herói individual. A epopeia é um conteúdo de vasto assunto, no dizer de Aristóteles; o romance é a individualização disso: a travessia de um homem em busca de seu destino ou do sentido de seu destino: o significado de uma existência individual. O grande lance de Rulfo é sair do fio da voz individual para fazer o romance penetrar de novo na dimensão épica da coletividade, mediante um coral de vozes do povo que, da morte, se abre para as questões enigmáticas de seu futuro. Por isso, a história que se multiplica em "estórias", como diria Rosa, representa uma retomada da épica oral mexicana, a épica dos camponeses mexicanos, transformando esse repertório de contos conjugados em vozes entrelaçadas para dizer a vida e a morte do tirano Pedro Páramo, até seu desmoronamento em pedras como as do chão de Jalisco. O tirano e a vítima, faces do *pharmacos*, são as figuras que habitam o mundo demoníaco da terra em ruínas que é *Pedro Páramo*.

A figura demoníaca do tirano está encarnada em Pedro Páramo, o homem que dispõe dos outros, que quer estar sempre do lado do vencedor, que dispõe das mulheres, dos filhos, e que é morto no parricídio dostoievskiano por um filho natural a quem nega uma coisa, e o qual se vinga, matando-o, ao mesmo tempo que nos fornece o fio individual da história toda. Mas essa história de relações intrincadas mostra que *Pedro Páramo* é formado por um painel de vítimas e de um grande tirano, que é o pai, que está ligado na sua morte à terra estéril, à devastação.

Essa visão da revolução, de dentro, é, como síntese de uma totalidade, absoluta novidade; e é um pouco a visão do sertão do Guimarães Rosa na mesma época, das entranhas de suas veredas para dizer o vasto mundo épico que é também o grande sertão. Em ambos os casos, essa visão interiorizada renova o romance a partir de dentro, transformando-o pela mistura com a épica oral e outros gêneros provenientes de temporalidades distintas.

O romance na sua história, como Benjamin mostrou, é um gênero que se afastou da épica oral, da tradição da oralidade. O romance não tem nada a ver com a história oral; ele dependeu da escrita e do livro, em seu desenvolvimento paralelo ao da sociedade burguesa, de que se tornou um instrumento de conhecimento e interpretação. Ele é um gênero da palavra escrita, depende do leitor solitário. Rulfo e Rosa trabalharam numa direção comum, oposta à direção do romance burguês, no sentido de que eles o transformam a partir da épica oral, canalizando a épica oral para dizer uma história individual, como é a história de Riobaldo — o único a encontrar o menino que muda a sua vida —, o apaixonado que não pode amar, amante do impossível. Sua história é a travessia do jagunço intelectual, clérigo deslocado em homem de armas, que não sabe mais o seu lugar e narra essa divisão num diálogo com um letrado da cidade, em busca do esclarecimento de seu destino de herói demoníaco, a fim de tentar entendê-lo.

E *Pedro Páramo* é também isso, o ser demoníaco no campo de mortos mexicano, com uma originalidade totalmente outra, que é de apanhar, anos depois, o grande turbilhão histórico que foi a revolução, a terra ruinosa e sem perspectiva que resultou dela, depois do vendaval da violência, como uma terra de mortos.

O escritor mexicano teve a intuição de uma coisa muito profunda e difícil de dizer. Penso que essa construção de Rulfo é de uma grande originalidade formal e de uma severa sobriedade: foi o achado de sua vida. Aqueles depoimentos sobre o Centro de Estudos dos Escritores Mexicanos onde ele trabalhou anos a fio mostram isso desde o começo, com o mistério de seus silêncios e a recusa em falar para além desse livro fundamental. Ele intuiu a forma do que queria contar em *Pedro Páramo*, que já traz a terra erma em seu nome; depois a foi desbastando, buscando na poda dos excessos o dizer lacônico a que era afeito e que era consubstancial a seu mundo. Foi modificando aqui, cortando lá, quase sempre podando para abreviar. Só depois foi inventada aquela lenda em torno dele e de "La cordillera": ficaram cobrando dele outro livro, mas na verdade ele teve uma intuição fundamental de como tratar o mundo, o mundo que ele sentiu, e fez seu livro, que é de fato um mundo único, fantasmagórico e real em sua complexidade. Tudo o mais seria repetição inútil; o resto era mais uma vez silêncio.

Acho que o tratamento que ele deu à matéria que tinha para narrar permitiu o aproveitamento das técnicas do romance moderno, mas numa situação absolutamente nova, que não é a de Faulkner ou de nenhum outro mestre do romance europeu ou norte-americano. Faulkner conta histórias tradicionais com um procedimento que é insólito ou inusitado, mas cuja relação com a matéria parece mais artificial ou menos orgânica que no caso do mexicano; é muito diferente de Rulfo, cuja inovação tem outra profundidade e vai noutra direção. O mundo que está em Rulfo é um mundo muito diferente daquele de Faulkner e com implicações ao menos igualmente complexas; é um outro mundo, permeado pela experiência histórica profundamente sedimentada em forma nova, assim como no caso do jagunço de Rosa, que é também outro mundo, cujo modo de ser depende de uma mescla ímpar e de uma complexidade que Rosa conseguiu forjar artisticamente no seu *mundo misturado*. Creio que são escritores até mais radicais do que Faulkner na forjadura de uma expressão nova; Faulkner deu um tratamento mais convencional à forma do monólogo, apesar das inovações narrativas no tratamento da temporalidade em que se arriscou para dizer seu universo. É essa visão que tenho, sem querer tirar mérito algum a Faulkner, pois se trata também, como não é preciso reiterar, de um extraordinário escritor. A partir de certo ponto de qualidade, não faz sentido insistir em filigranas de valor, em busca de uma hierarquia classificatória que nenhuma diferença faz em reconhecimento crítico efetivo do modo de ser específico de cada um.

Agora, ao reler Rulfo, fiquei com absoluta certeza de que *Pedro Páramo* corresponde ainda a uma forma de realismo. Mas esse realismo é um realismo de essência, como eu já dizia no ensaio de 1986, diferente da esfera mítica, a que os críticos a que me referi reduzem por fim o livro.

Vejamos, por exemplo, o seguinte: a releitura feita por Emir Rodríguez Monegal, embora rica em matizes ao acentuar o rigor de estrutura do romance e a dimensão simbólica de sua visão do mundo, acaba finalmente insistindo no aspecto de busca mítica do relato. Ele chama a atenção para o fato de que Rulfo quebrava o realismo tradicional e ninguém o teria visto na época, fora da oposição entre o *criollismo* (ou regionalismo) e o cosmopolitismo, omitindo-se o aspecto mítico que havia desde o princípio com a busca, "como numa parábola", do pai ou do lugar da origem. Talvez se possa dizer que o crítico descobriu o mito porque sempre se descobre o mito quando se vai à raiz da literatura; o mito está no princípio e no fim, como diria Borges. Quer dizer, o mito é a narrativa descarnada, quando reduzida a seu esquema abstrato, mas reduzir a complexidade do livro a esse esquema me parece um equívoco que desvia a direção correta da leitura crítica na direção da perspectiva moderna do romance.

A verdade, quando se lê *Pedro Páramo*, é que não há nada de mitificante, não somos conduzidos na direção do mito de origem; tudo ali é particularidade concreta, permeada de sentido histórico: são histórias concretas, de camponeses concretos que estão ali, com detalhes de voz e de dramas específicos, num contexto histórico comum. É essa particularidade que nos fala; não se trata de um mito de busca do pai simplesmente, não é uma mera busca do pai; o pai está lá e a falta dele, a ideia de um pai que morre e de uma terra vã, e, além disso, esta questão realmente problemática: o que fazer da terra vã, da terra estéril. Essa é uma das perguntas silenciosas e enigmáticas de Rulfo, entre os ecos desgarrados da revolução e do desmoronamento do pai. Ao contrário do que parecem pensar também alguns romancistas pós-modernos do México atual, o romance de Rulfo não é o de um epígono da revolução mexicana, mas o da interrogação que se abre depois dela, como visão perplexa do futuro sobre o qual esses romancistas nada têm a dizer senão o puro artifício de sua escrita desligada de qualquer compromisso com os temas de que tratam, como se a literatura fosse mero jogo gratuito de linguagem ou glosa sobre qualquer assunto.

Na verdade, existe em Rulfo uma relação importante com o mito, se pensarmos no mito como modelo arquetípico de narrativa tal como configura na epopeia clássica: uma relação formal que se manifesta no modo de construção do enredo do romance e se torna relevante para o desdobramento de seus significados e para sua significação simbólica. O vínculo de Rulfo com o assunto histórico particular da revolução mexicana está posto no centro do livro e é tratado de forma realista mediante a especificação dos detalhes concretos. Mas, ao mesmo tempo, há nele a ressonância arquetípica dada pelo aproveitamento de um episódio medular do mito épico, quando pensado como um todo exemplar: o episódio da descida aos infernos do enredo arquetípico, descida ao mundo ínfero da morte, como no canto VI da *Eneida*, mas reencarnado epicamente nas particularidades históricas que Rulfo conheceu tão bem e sobre as quais meditou em profundidade. Na relação com a epopeia, há romances que parecem ter se originado ora da evocação das musas, ora de outra parte, como o *agon* da épica. O de Rulfo nasce do momento da descida infernal, como na Noite de Valpurgis, mas acompanhado por um coral de vozes, que brota das almas. Dali provém sua literatura para formular, no resultado da descida, uma questão enigmática, para a qual não se tem resposta, mas que parece o resultado de tudo o que veio antes, como a pergunta que surge em meio aos destroços históricos da revolução, de dentro do diálogo dos mortos, entre as pedras resultantes do desmoronamento do pai, em meio à terra em ruínas.

Penso que essa pergunta enigmática que brota do diálogo dos mortos é o fundamental do que tenho para dizer agora, pois nele se centra o verdadeiro enigma do romance: foi o que acredito ter percebido nessa releitura de Rulfo, com a mesma emoção da primeira vez.

As observações que acabo de fazer permitem reconhecer, por outro lado, a contribuição que outros escritores mexicanos tiveram no desenvolvimento do projeto de Rulfo. Acho, por exemplo, que José Revueltas foi importantíssimo para ele, porque Revueltas buscou uma forma de realismo crítico diferente do que se fazia até então. Animado por uma inquietação semelhante, Rulfo parece buscar igualmente uma espécie de realismo crítico, distinto também dos padrões do realismo tradicional, por via da interiorização do foco que permite ir além da realidade dada, do mundo positivo ou do meramente factual. Nisso, como vimos, ele se parece com Rosa, mas o esquema geral do livro de Rosa é o do romance de formação, voltado para a educação sentimental de um jagunço, que deve se reconciliar com o mundo depois que perde definitivamente a mediação para a transcendência e a integralidade do ser com a morte de Diadorim, que o lança no desespero diante de um sertão já desencantado.

No caso do Rulfo, não se trata da educação sentimental, não é um romance de formação; é um momento, transformado pela força da penetração moderna na matéria viva do seu tempo, do mito épico como arquétipo formal: o momento da descida aos infernos, que é o momento meditativo diante da morte, da *anagnórisis* diante da morte. O romance se desenvolve como a formulação da pergunta depois das ilusões perdidas. Da revelação buscada no extremo, em face da morte. O que significa um mundo destruído, quer dizer, um mundo sem o pai, em que o tirano foi morto e só sobraram os escombros da violência. E agora se está diante da terra em ruínas. É essa a questão. A questão enigmática de Rulfo, que é também um enigma histórico, no meu modo de ver, com seu halo de fantasmagoria, mas com um miolo coeso e inextirpável de dura realidade. A que continuou incomodando grande parte da crítica conservadora, que tenta fazê-lo remontar a mitos de origem, distanciando-o de qualquer sentido presente ou perspectiva futura. Como no caso de Guimarães Rosa, no Brasil, a questão crítica fundamental é mostrar como é moderno o romance afinal escrito, não reduzi-lo ao esquema abstrato originário, de que sua forma decerto depende, a seu modo, sem a ela se resumir.

IMAGINAÇÃO E CRÍTICA

1. Gilda: o senso da forma*

1.

Quem a ouvisse falar de um romance de Clarice Lispector, de um filme de Fellini, do pensamento estético de Mário de Andrade, de um poema de Bandeira, de uma peça de Tchékhov, de uma lembrança familiar de Araraquara, de uma receita de doce, do modo de vestir de alguém, do método de trabalho de Roger Bastide, da perícia crítica de Paulo Emilio, do gesto enquanto metáfora, que é o passo de mágica de Fred Astaire, ou de qualquer outro fato da larga gama de interesses intelectuais e humanos que a moviam, não podia deixar de perceber a paixão, a liberdade de entrega, contida, porém, na discreta elegância, com que sabia moldar o entusiasmo. O mesmo entusiasmo que sabia dominar, com tranquila segurança, na escrita inventiva, mas de traço fino e preciso, que nunca perdia a nitidez nem abandonava o fervor pelo assunto. É

*Publicado em *Gilda, a paixão pela forma*. Sergio Miceli e Franklin de Matos (orgs.). Rio de Janeiro: Ouro sobre Azul, 2007.

que quando se desgarrava e parecia que ia se perder na busca de um alvo fugidio, diante de alunos ou interlocutores embevecidos, ou no molde breve do ensaio, Gilda de Mello e Souza — "libérrima e exata" — mais encantava, manifestando por inteiro seu refinado senso da forma.

Como toda noção fundamental, o senso da forma é difícil de definir de antemão, antes do estudo detido dos exemplos concretos e da trajetória da ensaísta, que, por outro lado, nunca se preocupou em explicitá-lo. Podemos, porém, seguir seus indícios, ao longo dos ensaios que ela nos deixou.

Ele se mostra, desde logo, no reconhecimento da "coerência que deve reger toda obra de arte", como ela mesma afirma, e permite reconhecer a qualidade de um filme, mas também criticar os seus desacertos: a inadequação entre diálogo e imagem, ou a tensão contraditória entre um projeto e uma realização, como na análise d'*O desafio*, de Saraceni.[36] Noutro caso, o desrespeito à "autonomia incontrolável das formas" pode ir contra a própria intenção do criador, revelando-se no "rastilho indiscreto das imagens", no tratamento do personagem, do diálogo, na articulação de alguns temas, como no cinema de Antonioni, que ela analisou a fundo.[37] Noutro ainda, quando ela assinala as tendências conflitantes que coexistem numa tela de Eliseu Visconti, ou o acerto pleno de "A forja", de Timóteo da Costa, em que "tudo contribui para a expressão dramática do todo".[38] Pode se manifestar também na incapacidade de quem só vê de perto e por lampejos para "construir um todo orgânico", como

36. Cf. "Diálogo e imagem n'*O desafio*". Em *Exercícios de leitura*. São Paulo: Duas Cidades, 1980, pp. 181-5. (Coleção "O baile das quatro artes").
37. Cf. "Variações sobre Michelangelo Antonioni". Em *A ideia e o figurado*. São Paulo: Duas Cidades/ Editora 34, 2005, pp. 145-70. (Coleção "Espírito crítico").
38. Cf. "Pintura brasileira contemporânea: os precursores", *Exercícios de leitura*, op. cit., pp. 223-47, p. 247 para a citação.

no exame do olhar ficcional de Clarice Lispector, num dos mais belos exemplos de sua prosa crítica.[39] Pode ainda demonstrar que o melhor momento de uma obra reside, contra as intenções didáticas do autor, naquilo que permanece encoberto, revelando nexos escondidos; só assim a imagem, por seu poder evocativo, se transforma em interrogação aberta e sugestiva para o público, como no exame de *Os inconfidentes*, de Joaquim Pedro.

Em todos os exemplos e noutros que poderiam ser citados, o sentimento da forma artística parece brotar da compreensão incisiva de um conflito — entre a parte e o todo, entre o plano e a realização ou entre a intenção e a matéria —, de modo que a percepção do olhar crítico é sempre *dinâmica* e nunca uma contemplação inerte. Parece estar sempre às voltas com o drama da configuração da obra, com as tensões internas de seus componentes, de cuja interação dependem o ritmo e o sentimento da unidade. Mas quando, por fim, queremos considerá-lo à parte e conceituá-lo, como um atributo fundamental da ensaísta, o senso da forma demonstra que tem implicações mais complexas e abrangentes e nos escapa.

É parecido com a dificuldade de um modo de ser, que se deixa às vezes captar, por um momento, na intuição de uma fisionomia, mas não é passível de explicação imediata, e se esvai quando os olhos de novo buscam confirmá-la: a forma perdida no ar que podia ser o começo de outra busca. Depende, no entanto, da integração de contextos diversos numa direção pessoal única, o que exige uma análise mais detida e constitui o esquivo objeto deste comentário.

39. Cf. "O vertiginoso relance". *Exercícios de leitura*, op. cit., p. 91.

2.

Creio, na verdade, que nessa noção complexa entram componentes heterogêneos do meio cultural, da formação intelectual e da sensibilidade, dos traços específicos da personalidade, que só sedimentam com a passagem do tempo. É um resultado do processo da experiência ao longo dos anos, através do qual a vida anímica, alimentada pela memória e pela observação, informada pela leitura, se depura numa atitude espiritual diante das coisas e do mundo. Além disso, se exterioriza por meio de um modo específico de trabalhar com a linguagem, configurando-se na forma propriamente dita, particular e concreta, quando um gesto do espírito se imprime numa determinada matéria, dando-lhe sentido.

O senso da forma se mostra, assim, tanto como um *módulo perceptivo* quanto por uma *prática artística*, um processo formativo que gera uma forma-resultado, como se verifica na elaboração do ensaio, cuja síntese de ciência e arte deve plasmar com perfeita adequação a percepção do objeto de conhecimento a que se aplica, num arriscado lance de liberdade e precisão. Gilda, a quem sempre interessou a *estetica della formatività* de Luigi Pareyson, sabia muito bem que a atitude envolvida nesse processo dinâmico e dialético de dar forma implicava uma espiritualidade *situada* — humana, social e culturalmente determinada — e, em consequência, um complexo enlace entre a consciência e o mundo, que seus ensaios tentam investigar em muitas situações concretas.

Como quase tudo o que é fundamental, é difícil de dizer, mas creio que se não insistir nesse ponto, não conseguirei exprimir o que me parece decisivo na sua arte da prosa. Ela é de fato o resultado de um trabalho artístico, que se mostrou também na prosa ficcional da escritora, cujo legado vai muito além das aulas admiráveis de estética com que marcou a todos que puderam acompanhá-las. Seus ensaios representam um capítulo importante da história do ensaísmo brasileiro, pelos achados críticos que ela conseguiu formular, apesar da parcimônia de sua produção, reunida em apenas quatro livros,[40] e pela prática mesma do gênero a que imprimiu um cunho pessoal inconfundível, que vale como exemplo e iluminação.

Basta o leitor recordar as hipóteses interpretativas inesperadas que ela formulou para comprovar o que acabo de afirmar. São de fato achados notáveis o deslinde da estrutura musical de *Macunaíma*, baseada nos princípios da *suíte* e da *variação*; a aproximação entre cinema e pintura na análise da *Terra em transe* de Glauber Rocha; o aproveitamento de códigos iconográficos dos *fumetti* e dos *cartoons* na construção de *Oito e meio* de Fellini; os efeitos da percepção míope de Clarice na estrutura da *Maçã no escuro*; a "notação milagrosa do gesto" na pintura de Almeida Júnior; o surpreendente contraste entre Chaplin e Fred Astaire, e tantas outras descobertas de que o leitor não se esquece. Isso sem falar na independência e na firmeza do juízo crítico com que podem culminar suas descrições analíticas, como se observa na apreciação dos nus de Ismael Nery, num esplêndido ensaio sobre "Vanguarda e nacionalismo" na pintura brasileira.[41]

Certamente, Gilda construiu aos poucos sua visão crítica para chegar a tais resultados; foi depurando um "esquema perceptivo inovador", conforme as palavras que ela própria um dia empregou para designar a nova relação do pintor brasileiro com a paisagem no final do século XIX.[42] Creio que aprendeu a ver detidamente, como na arte rudimentar da leitura a que se refere Borges,

40. De fato, seus trabalhos principais se encontram em: *O tupi e o alaúde: uma interpretação de Macunaíma* (1979), *Exercícios de leitura* (1980), *O espírito das roupas* (1987) e *A ideia e o figurado* (2005).

41. Cf. "Vanguarda e nacionalismo na década de vinte". Em *Exercícios de leitura*, op. cit., pp. 275-6.

42. Cf. "Pintura brasileira contemporânea: os precursores". Ibidem, p. 228.

e essa visão armada dependeu do sentimento da forma que foi desenvolvendo em seu meio cultural, seguindo linhas de força de sua formação.

Na base de todo o esforço crítico de Gilda, sempre reencontramos a presença soberana de Mário de Andrade — praticamente não há texto dela em que ele não esteja presente direta ou indiretamente — e o lastro de sua formação universitária, que continuamente alimentam seu espírito até a direção final de seus estudos.

Todavia, se a reflexão sobre o pensamento estético de Mário foi uma dominante na sua experiência intelectual durante a vida toda, se o convívio com seus companheiros de geração em torno da revista *Clima* sempre pode ter pesado no modo de ser e na direção de seu trabalho, a verdade é que o eixo central de seu percurso dependeu também do contato com os professores franceses, de que nos deixou um excelente balanço crítico.[43]

Chama a atenção, em especial, seu minucioso exame do método de trabalho e das descobertas de Roger Bastide, de quem foi assistente na Faculdade de Filosofia da USP e tradutora, mas sobretudo uma discípula atenta, cuidadosa e original, pela direção que imprimiu à herança do mestre, incorporada em profundidade, transformada em matéria própria e reelaborada com marca genuína nos ensaios.

A leitura que fez dos escritos dele — sobre a estética de São Paulo, sobre a sociologia dos salões, que lhe permitiu um olhar renovado sobre o papel da figura feminina em nossa sociedade na sua complexa relação com as diversas artes e a moda, sobre as análises do barroco e, por fim, sobre a estética afro-brasileira — leva-a ao reconhecimento da direção ímpar e vanguardista do pensa-

43. Cf. "A Estética rica e a Estética pobre dos professores franceses". Ibidem, pp. 9-34.

mento estético de Bastide. Ela se dá conta de como ele se casa, em verdadeiro amálgama, com a matéria brasileira de que ele se ocupou: o "humilde cotidiano" do povo, o meio pobre e a mestiçagem de nosso país. É como se Gilda reencontrasse, então, sob o olhar estrangeiro do estudioso francês, a mesma preocupação com a realidade brasileira a que se aplicava o olhar nacionalista de Mário de Andrade, vendo reforçados os esteios de sua formação e, ao mesmo tempo, uma direção profícua a seguir em sua própria pesquisa.

Embora estudiosa de estética, enquanto reflexão desinteressada, de caráter filosófico e especulativo sobre a arte, sua inclinação mais forte é para a análise de textos (literários ou visuais) e da poética, enquanto doutrina operativa ligada ao fazer prático e a um determinado momento histórico. Acompanhava nisso ainda, quem sabe, os movimentos do pensamento de Mário, que sempre oscilou entre a discussão dos elementos permanentes da obra de arte e de categorias gerais (como o conceito de *inacabado* que ela tanto soube valorizar) e a dimensão programática da poética, empenhando-se de fato com toda a alma, por mais dividida que fosse, na pregação e na prática de uma arte nacional e de combate.

Quando se pensa em tudo que representou a figura de Mário de Andrade para ela, verificamos que além do fermento familiar que pode ter propiciado para a sua própria vocação — e que ela transformaria por sua vez numa das fontes de suas ideias críticas na interpretação da obra dele[44] —, além da inquietação permanente que a reflexão estética do autor de *O banquete* parecia insu-

44. Veja-se, nesse sentido, o aproveitamento crítico que faz Gilda dos ecos de uma história familiar: a narrativa oral e os *Apontamentos* que Joaquim de Almeida Leite Moraes (1835-95), avô de Mário, deixou da aventura que empreendeu pelo Brasil em 1882 servem-lhe não só para elucidar passagens de *Macunaíma*, mas também para sugerir a transposição mais ampla de sugestões do relato para aquele romance. Cf. "O avô Presidente". Ibidem, pp. 93-106.

flar no espírito dela, Mário se transformou num estímulo para sua criação pessoal e num desafio constante para sua argúcia crítica. Ao longo dos anos, em múltiplos textos de toda ordem, em fragmentos críticos, Gilda foi construindo uma biografia intelectual dele, que permaneceu *inacabada*, lacunar e aberta, dissonante nos elementos em contraste que aproxima e tensiona, mas extremamente insinuante e convidativa como as técnicas do *inacabado* propostas pelo próprio escritor.[45]

Por outro lado, Gilda deve ter encontrado sempre nos pontos de vista de Bastide uma fonte perene de inspiração. Sobretudo pelo relevo que ele atribuiu às artes e à literatura em seu pensamento — como se vê pelo pioneiro e singular estudo que ela escreveu sobre a moda ou, melhor do que isso, sobre "o espírito das roupas" —, motivada, decerto, pela originalidade do olhar inquiridor do sociólogo sobre a realidade e sobre a especificidade do "fato social estético", muito diferente do mero fato social. Também deve ter aprendido com ele o crivo sutil de uma análise em que vinham se coadunar os elementos estéticos, psicológicos e sociológicos, evitando-se, porém, a redução da autonomia das formas e reconhecendo-se a dura resistência do real à percepção e à expressão, o que não é pouco.

3.

Como vários dos críticos da geração de *Clima* a que ela própria pertenceu, sempre orientou seu trabalho pela "paixão do concreto", voltando-se antes para a análise das obras de arte, e não para a discussão das posições teóricas, como deixou claro no estudo sobre Paulo Emilio, em que acentua o papel da leitura da ima-

45. Ver *O banquete*. São Paulo: Duas Cidades, 1977, p. 62.

gem particularizada — dessa imagem —, em sua "palpitação profunda", como central para o olhar do crítico.

No mesmo sentido, deve ter procurado aprofundar a exegese do pormenor significativo que a levou a descobertas também concretas, mediante o exame detalhado de momentos das obras estudadas, como no caso da revelação do papel estrutural desempenhado pelo episódio de Vei e suas três filhas em *Macunaíma*, ou da força plástica das imagens na caracterização que faz Glauber das caras do povo, em *Terra em transe*. Penso que, além do vínculo com Antonio Candido, cuja sagacidade analítica vai na mesma direção, e da convivência com outros estudiosos de sua geração, essa tendência para o concreto terá se acentuado, mais tarde, com leituras teóricas em que encontrou outras afinidades eletivas, como no caso das obras de Merleau-Ponty.

Da mesma maneira que o filósofo francês, Gilda parece ter sido tocada pela "*chair du sensible*" e pela concepção dele de uma percepção viva, situada no tempo, como um modo de ser no mundo que é também um modo de passar, o que foi, a meu ver, muito importante para a constituição de sua prática crítica e o rumo que tomou. Penso que isso acentuou nela a tendência para a percepção de índole prática, situada num mundo cujo enigma só é penetrável pela forma das relações entre os elementos perceptivos. E essa forma só é apreensível, por sua vez, pelo olhar individual de acordo com sua situação no mundo.

Tendo desenvolvido seu trabalho em período de grande voga do marxismo e da psicanálise, os ensaios de Gilda podem fazer uso aqui e ali de conceitos saídos dessas correntes de pensamento, mas utilizados de modo operativo para soluções pontuais de problemas de interpretação, mas não definem seu método de abordagem ou a direção de seu olhar crítico, nem dão a perspectiva geral de suas ideias e muito menos a explicação do mundo em que tudo vá desembocar. Sua atitude parece se afinar no mais fundo com tendências da fenomenologia, que se casaram bem com outros elementos de sua formação: deve ter sido em parte o caso de Mikel Dufrenne e, sobretudo, da afinidade mais decisiva com o pensamento de Merleau-Ponty.

O ensaio sobre o cinema de Antonioni é dos mais reveladores desse ângulo, pois nele não apenas aponta para uma história da "visualização da percepção" na era contemporânea, mas também demonstra, na direção da fenomenologia de percepção de Merleau-Ponty, como o mundo é o que vemos e o que devemos aprender a ver, em sua variada, enigmática e desconcertante ambiguidade.

O trabalho de Gilda se desenvolveu de preferência no campo de percepção visual: ela aprendeu a ver, levou anos ensinando seus alunos a ver, escreveu alguns de seus ensaios mais notáveis sobre artes plásticas e cinema e aguçou e refinou seus *esquemas perceptivos*, mediante a assimilação de conceitos relevantes de historiadores e teóricos das artes visuais como Erwin Panofsky e Ernst Gombrich e desse pensador voltado para pintura que foi Merleau-Ponty. No entanto, num ensaio agudo e revelador, "O vertiginoso relance", desloca seu olhar para o universo da literatura, sem abandonar a mesma esfera de problemas.

Inspirando-se numa observação de Simone de Beauvoir sobre o apego feminino à minúcia, ao detalhe sensível, como produto da posição social da mulher em meados do século XX, Gilda se estende numa espécie de caracterização da percepção derivada do comportamento feminino, o que demonstra mais uma vez como sua compreensão do processo dinâmico de constituição da obra depende de uma percepção historicamente situada.

Atenta então para a mulher imersa como uma coisa num universo de coisas, como uma fração de tempo dentro de um universo temporal, que tem apenas uma vida reflexa, sem valores, sem iniciativa própria, sem acontecimentos de relevo, de modo que os episódios insignificantes que compõem seu mundo só cobram sentido no passado, quando a memória, selecionando o que o presente agrupou aleatoriamente, fixa dois ou três momentos que se destacaram em primeiro plano. Assinala como se trata de um universo de lembranças e expectativas, onde tudo vive de um valor atribuído e não imanente. A mulher só procuraria sentido, por isso mesmo, num universo confinado: a paisagem para além da janela não lhe diz respeito, e ela apenas se detém no quarto com os objetos, no jardim com flores, no passeio curto. Em consequência, sua visão seria uma visão de míope, para a qual só as coisas muito próximas adquirem uma "luminosa nitidez de contornos".

Analisa, em consequência, como Clarice Lispector, em *A maçã no escuro*, transferiu essa miopia da apreensão do real para a apreensão da essência das coisas e do tempo. Demonstra como ela procura penetrar no que há de escondido e secreto nas coisas, nas emoções, nos sentimentos, nas relações entre os seres, *indiferente à organização dos acontecimentos num largo esquema temporal.*

Percebe, assim, como uma característica da visão da romancista, num determinado contexto histórico-social, é transposta num procedimento de composição e, por fim, resulta num problema da estrutura final do romance. E esse conjunto de observações interligadas só foi possível graças ao sentido admirável da forma em que se apoia o seu olhar crítico, conforme se torna claro no último parágrafo do ensaio, que é preciso transcrever integralmente:

> A complexidade dos problemas colocados em *A maçã no escuro*, a densidade atingida na análise de certos sentimentos e situações e, sobretudo, a grande originalidade do seu universo verbal, fazem do livro de Clarice Lispector um dos mais importantes dos últimos anos. Contudo, se a maneira peculiar (analisada na primeira parte deste estudo) de a romancista apreender o real atra-

> vés de lampejos é responsável pela perfeição de tantos trechos, realmente antológicos, é também o principal entrave com que terá de lutar ao construir um todo orgânico. Em *A maçã no escuro*, os momentos significativos e intensos alternam, de maneira pouco harmoniosa, com os trechos discursivos, cheios de considerações desnecessárias. O livro, como a percepção de Clarice Lispector, vale, portanto, pelos momentos excepcionais, pecando pela organização dos mesmos dentro da estrutura novelística. A acuidade que a leva a penetrar tão fundo no coração das coisas é que talvez lhe dificulte a apreensão do conjunto. Pois, na sua visão de míope, enxerga com nitidez admirável as formas junto aos olhos — mas, erguendo a vista, vê os planos afastados se confundirem, e não distingue mais o horizonte.[46]

O trecho revela, em sua lúcida penetração, como contradições geradas por um tipo particular de percepção do mundo se transformam em componentes internos da forma artística, cujo processo dinâmico de constituição é visto por dentro e desvelado por um olhar ao mesmo tempo cúmplice e distante. Um verdadeiro feito da sensibilidade crítica, que, sem descartar o juízo sobre qualidades e limites, ilumina os condicionamentos e o próprio modo de dar forma de uma extraordinária escritora.

4.

A ensaísta praticou sempre uma modalidade de *exercício de leitura*, referido à literatura, às artes plásticas, ao cinema, à dança, à moda, às coisas do mundo. Na sua modéstia e singeleza, essa expressão tomada do título de sua primeira coletânea de estudos re-

46. Op. cit., p. 91.

vela a *atitude compreensiva* que a caracterizou, ilustrada de forma admirável pelo ensaio sobre Clarice.

Gilda se coloca diante dos textos e do mundo como uma simples leitora que quer compreender e ensaia tentativas de abordagem, mostrando-se sempre fiel ao ponto de vista escolhido, que se esforça para ser o mais adequado ao objeto. É esse o programa despojado que adota para tentar compreender.

Ela tende a se voltar para a interpretação de uma determinada estrutura significativa, para uma obra em particular ou para traços expressivos dela; toda referência a estruturas mais amplas em que seu objeto possa se enquadrar só lhe interessa à medida que traga um elemento de elucidação, capaz de abrir caminho ou facilitar a leitura do detalhe concreto no sentido de uma perfeita harmonia e consistência.

Evita, assim, toda explicação geral que não sirva como elemento de penetração em seu objeto, do qual se aproxima levada por uma intuição. Esta já traz consigo o senso da forma, cuja expressão concreta ela vai perseguir ao se exercitar no terreno aberto e assistemático do ensaio, montando hipóteses de entendimento, tentativas de leitura ditadas pela imaginação desperta diante do estímulo que o texto em foco representa. E então caminha tateando, a cada passo, em busca de aproximação, procurando ajustar o olho ao alvo escolhido, mantendo firme o rumo da visada e, por isso mesmo, afastando outras perspectivas sobre o mesmo ponto que não correspondam à precisão que almeja.

Isso se torna particularmente visível no ensaio sobre *Macunaíma*, em que recusa os pontos de vista de Florestan Fernandes e Haroldo de Campos sobre a "composição em mosaico" da obra-prima de Mário, assim como o exercício de *bricolage*, tal como a descreve Lévi-Strauss, destacado também pela crítica, para se aprofundar nas raízes musicais da composição, em consonância com a pesquisa e a visão de Mário sobre a cultura popular. A obsessão do escritor pelo fenômeno musical e pelo populário sugere a ela o repositório fundamental de onde ele teria extraído os conceitos que alimentam sua produção ensaística e a criação de *Macunaíma*. O segredo da composição dessa obra-prima, na qual se condensa uma complexa meditação sobre o Brasil, recoberto por uma "neblina vasta" de mais indagações do que certezas, estaria em processos comuns à música erudita e à cultura popular: no princípio rapsódico da *suíte*, tal como se manifesta no bailado principalmente pernambucano do *bumba-meu-boi*, e na *variação*, transmudada no improviso do cantador nordestino.

A versatilidade da ensaísta não deve esconder, portanto, o atento e delicado cuidado intelectual que dedicava ao detalhe significativo integrado ao todo da obra. Essa atitude hermenêutica, marcada pela ponderação da simples leitora, vivamente empenhada no esforço de compreensão, é assim algo arraigado em seu espírito e revelador do senso da forma que a orientava na busca do sentido.

Encarnada no ensaio, essa atitude propicia um delicado tateio sobre o objeto, para cuja interpretação a ensaísta carreia elementos estéticos, psicológicos, sociológicos e históricos, como se vê nessa análise de *Macunaíma*, mas integrados num modo de olhar que é em parte construção subjetiva e em parte reconhecimento da relativa autonomia e da objetividade da obra em questão.

Dos pressupostos que nortearam a construção da rapsódia marioandradina, profundamente ligados à biografia intelectual e à experiência artística do escritor, Gilda retirou os elementos fundamentais de sua interpretação, ligada, assim, organicamente, a seu objeto de exegese. Esse aprofundamento no ser do outro, para dele extrair as regras de composição do próprio ensaio, mostram a notável coerência que regeu sua atividade crítica e o universo de seus ideais teóricos, casados no enlace do olhar com o mundo.

5.

O senso da forma, esse fato difícil de definir e, a uma só vez, fundamental, se mostra repleto de consequências em vários planos, pois além de permitir uma tentativa de compreensão do modo de ser do trabalho crítico de Gilda, aqui ensaiada, pode servir para o esclarecimento de lacunas e deficiências de nosso presente, em que a crítica estética já quase não parece encontrar espaço ou vigência efetiva. Com a força de seus achados críticos e a finura de sua escrita, os ensaios dela podem adquirir uma nova função na atualidade.

Com efeito, o quadro atual parece muito desalentador e pouco propício à compreensão adequada das obras de arte. O debate cultural tem sido avesso a toda consideração pertinente nesse sentido, restrito como está a interesses diversos: os estudos culturais, cuja voga já vai esfriando nas próprias matrizes universitárias norte-americanas, quase sepultaram a discussão sobre a qualidade intrínseca das obras; a renovada sociologia das artes e da literatura, embora louvável sob alguns aspectos, volta a incorrer em velhos reducionismos, sem chegar a entender que o verdadeiramente social na literatura continua sendo a forma;[47] por fim, o jornalismo cultural, que, em sua mesma fugacidade, baseado nos equívocos de sempre, erige padrões de gosto geral tão sólidos quanto os produtos do mais deslavado comercialismo, cuja novidade dura tanto quanto a das mercadorias numa prateleira de supermercado.

No início de uma conhecida análise das *Afinidades eletivas* de

47. Como se sabe, no início do século XX, uma afirmação equivalente sobre a sociologia da literatura foi feita por Georg Lukács, ao tratar do drama moderno; na mesma direção, no prólogo à 3ª edição de *Literatura e sociedade*, afirmou Antonio Candido: "[...] só através do estudo formal é possível apreender convenientemente os aspectos sociais".

Goethe, Walter Benjamin mostrou como o crítico, interessado no conteúdo de verdade de uma obra, não pode se deixar levar pelo mero peso do factual — o teor de coisa — que a passagem do tempo tende a separar do primeiro, fazendo-o aflorar, enquanto a verdade se recolhe e se oculta no mais fundo. A esta se deve, entretanto, a chama viva que ele deve buscar por sobre as "pesadas achas do passado e a cinza ligeira do vivido". Munida de um ponto de vista histórico, como o crítico de Benjamin, Gilda, sem se deixar levar pelo mero peso do factual, sabia perfeitamente distinguir o que torna uma coletânea de poemas um grande livro, para além de sua importância histórica,[48] e seus ensaios são um exemplo dessa percepção da chama que brilha em meio aos destroços do passado e, por isso mesmo, têm força para continuar valendo na atualidade. Límpido e certeiro, seu olhar crítico permanece atuante em nosso tempo, porque demonstra, através de seu próprio exemplo, que é pela forma de seu modo de ser que a arte é ainda uma forma de conhecimento que não se reduz a nenhuma outra e continua dando o testemunho de nossa perplexidade diante dos enigmas do mundo.

Talvez o primeiro e mais básico de seus ensinamentos resida na fusão orgânica que promoveu entre sua visão estética e a própria composição do ensaio, cujas marcas procurei seguir. É que incorporou o senso da forma à sua própria personalidade, como uma segunda natureza. Desse modo, sua inquietação intelectual, sua sensibilidade e sereno domínio do discurso foram dirigidos para uma verdadeira prática de arte a que soube integrar o exercício da crítica.

Crítica artista é o que ela foi realmente, na mais alta e clara acepção do termo.

48. Veja-se, por exemplo, o que ela afirma a propósito da *Pauliceia desvairada*, em seu estudo sobre "A poesia de Mário de Andrade", em *A ideia e o figurado*, op. cit., p. 28.

* * *

Não fui aluno dela, embora tenha sentido sua presença fecundante em companheiros de viagem muito próximos, como João Luiz Lafetá e José Miguel Wisnik, ambos marcados a fundo também pela presença tutelar de Mário de Andrade. Tive a sorte de ter sido, porém, um de seus interlocutores ao longo dos anos a propósito dos mais variados assuntos: poemas, narrativas, ensaios, filmes, receitas de cozinha... Naquelas conversas inesquecíveis, já se tornavam evidentes os traços expressivos dos ensaios cujas características procurei agora apenas sublinhar.

Para os que conviveram com ela, seus textos são hoje, antes de mais nada, "testemunhos-lembranças" de sua passagem, para empregar palavras de Panofsky que lhe agradavam. Seus ensaios são agora de fato uma forma da memória. Trazem até nós o risco de luz de sua escrita: a luz que ainda nos chega de uma estrela extinta.

2. A imaginação andarilha*

Passei três dias visitando Marlyse Meyer: pensando nela, seguindo a linha de pensamento do que ela escreveu. Conforme a regra sertaneja exposta por Riobaldo, no *Grande sertão: veredas*, a visita deve durar pelo menos três dias para se conhecer alguma coisa dos moradores da região; então fiquei três dias pensando nela, em seus escritos, em suas andanças. O que vou contar é o mero resultado dessa breve travessia.

Jorge Luis Borges disse que às vezes "os bons leitores são cisnes até mais tenebrosos e singulares do que os bons autores". Se for verdade, Marlyse estará entre eles, pois é uma admirável leitora. Em primeiro lugar, pela voracidade com que lê de tudo todo o tempo, livre de preconceitos. Depois, porque encontra felicidade nessa leitura indiscriminada, como se vê pelo final

*O texto deste ensaio, bastante modificado, nasceu de uma conferência, revista e transcrita num livro coletivo de homenagem à professora Marlyse Meyer: *Marlyse Meyer nos caminhos do imaginário*. Jerusa Pires Ferreira e Vilma Arêas (orgs.). São Paulo: Edusp, 2009.

de seu notável estudo sobre o *Folhetim:* "O que é de gosto regala a vida".

Além disso, o mais extraordinário: é uma leitora capaz de contar o que leu. Narra e dramatiza suas leituras. Ao narrar, revela a consciência do processo e de seus percalços, explicitando os bastidores de seu modo de ler. Esse teatro da leitura recorrente em seus textos é um dos encantos de seu método de exposição. Aproxima-nos, além disso, da matéria, por mais espinhosa que seja, envolvendo-nos, sem nenhuma empáfia, como parceiros iguais, no ato plenamente humano da comunicação pela palavra.

Antonio Candido notou que se trata de uma franqueza crítica e de uma escrita que recupera os momentos da sua elaboração com as hesitações do percurso. Ela é, de fato, uma crítica conjectural; em suas investigações mais profundas, como em seu achado do *Sinclair das ilhas*, vai contando as hipóteses, os erros, as dúvidas do caminho. Enreda-nos, enfim, no emaranhado de sua própria trilha, que é o traçado labiríntico de sua leitura e de sua busca pessoal.

A sua tese de doutorado de 1955, sobre o teatro de amor de Marivaux, já revelava motivos centrais de sua trajetória: a reflexão sobre os gêneros. Marlyse estuda o papel das convenções que canalizam em moldes clássicos os jogos amorosos de Marivaux, contribuindo para a impressão de intensidade de vida e a peculiar atmosfera de fantasia que caracterizam seu universo dramático. Os gêneros são cristalizações da experiência histórica para as quais Marlyse demonstra uma sensibilidade especial. Foi um passo importante para seu itinerário.

O seu primeiro livro de ensaios de 1967, *Pireneus, caiçaras...*, remete a um verso de Mário de Andrade:

Espelhos, Pireneus, caiçaras e todos os desesperos [...].

Trata-se da quarta composição dos "Poemas da amiga", uma das partes mais belas do *Remate de males* (1930), que já começa tão bem:

Oh trágico fulgor das incompatibilidades humanas!

Ao recortar o quarto verso, Marlyse deixou de lado os *espelhos* e os *desesperos*. Chamou minha atenção. Um verso desses é uma escolha significativa; além do mais, está num poema daquela época em que Mário de Andrade andava tão debruçado sobre si mesmo. Neles tematiza de forma obscura, por meio de esconderijos e quebra-cabeças, suas grandes tribulações amorosas, às voltas com os sentimentos mais recônditos. Pelo recorte, Marlyse situa-se na posição dos *espelhos*: ou seja, no lugar de que pôde observar, refletidamente, o contraste entre *Pireneus* e *caiçaras*.

Como se sabe, *Pireneus* é a cadeia de montanhas que separa a França da Espanha (é também o nome de uma rua entre Santa Cecília e a Barra Funda, perto da Lopes Chaves, onde vivia o poeta); *caiçaras*, palavra que está na língua desde o século XVI, significa a cerca ou paliçada que separa a aldeia dos índios. Pode ser o conjunto de varas que forma a cerca, o curral que se constrói com essas varas para aprisionar peixes ou um esconderijo de um caçador para emboscar a caça. Pode ser ainda a região baixa da praia e seu habitante: o caipira praieiro, mestiço de índio com português. As duas palavras em contraste mostram algumas formas de esconderijo ou proteção: a cadeia de montanhas e a cerca indígena, escudos do eu e de seus subterfúgios mais íntimos, com relação a supostas ameaças ou ao desejo de ocultar o que não se pode dizer, como nos amores escusos. Mas podem significar também limites ou altitudes contrastantes que protegem territórios muito diversos: os altos e baixos de qualquer assunto, a oposição entre as coisas elevadas e as coisas baixas.

Desde o início Marlyse vai se reger pela alternância dos altos e baixos e pela mescla dos assuntos da chamada alta cultura com o humilde chão da cultura popular. A vinculação a Mário de Andrade mostra que ela é uma continuadora de um aspecto importantíssimo do modernismo, a preocupação com a realidade brasileira, o desejo de compreensão daquilo que é o Brasil (conhecimento decisivo também para as primeiras gerações da Faculdade de Filosofia da USP, onde ela se formou, guiadas pelos professores franceses que incentivaram a pesquisa nessa direção). Herdeira disso tudo, desde cedo revela uma preocupação em estudar o Brasil e o lado *Pireneus*: as fontes europeias da cultura brasileira. Isso é significativo porque ela incorporou, num movimento muito seu, um "imaginário andarilho". Na verdade, transformou o vivido em experiência pessoal digna de expressão em seus estudos e pesquisas: a convivência com o meio francês e sua literatura; a versão para a língua francesa de um livro como as memórias de Helena Morley. E juntou tudo isso a seu grande conhecimento das muitas e variadas regiões do Brasil com sua respectiva cultura popular.

Ela tem sido realmente uma andarilha. Como Mário de Andrade, sentiu que precisava saber quem é o homem do Sul ou do Norte, da Bahia ou do Rio; acompanhando Alencar, quis também reconhecer a contribuição multímoda das várias regiões do Brasil e sua integração no patrimônio cultural comum da nação. Marlyse conferiu a essa experiência acumulada ao longo dos anos uma diretriz: dela tira sua força, um trabalho vivido primeiro como experiência concreta e logo como matéria viva de pesquisa. Isso a torna uma estudiosa próxima da antropologia, pela busca de identificação com seu objeto de estudo e pelo jeito como se entrega e se funde ao núcleo de seus trabalhos. Não é apenas a leitora distanciada da alta cultura ou a estudiosa sobranceira; é uma mulher da mistura que meteu as mãos na massa, transformando a experiência pessoal numa diretriz do trabalho intelectual impregnado da experiência do outro: "*Pireneus, caiçaras*".

O verso de que ela partiu é um verso enumerativo: velho procedimento de criação que organiza o discurso em séries: "*Espelhos, Pireneus, caiçaras e todos os desesperos*", como nos versículos de

Whitman, de que dependeu de algum modo o verso livre de Mário de Andrade.

A reiteração, que é um dos procedimentos poéticos mais antigos, pois se liga ao paralelismo e à raiz de toda a poesia, constitui uma de suas preocupações centrais: ela é uma observadora das séries, do romance em série, do folhetim. Um dos focos de sua atenção crítica são as diferenças, as contradições, às vezes a divergência estrambótica entre os elementos contrastantes da sequência. Isso a levou a um de seus maiores achados críticos: a relação entre o *fait divers* do jornal — essa espécie de história ligada às origens da imprensa, ao *nouveliste*, ao contador de notícias — e a estrutura do folhetim.

Marlyse aproveita sugestões de Roland Barthes sobre o *fait divers* quando o crítico destaca o caráter imanente dessa espécie de narrativa. Ela é a única que não envelhece no jornal, funcionando como uma informação total que contém em si todo o seu saber e depende de uma causalidade aleatória, algo aberrante, ou de uma cadeia de coincidências fortuitas. Marlyse realça então o papel das séries estrambóticas e da estrutura iterativa do folhetim que repetem os traços característicos do *fait divers*, não apenas como chamariz para segurar o público, mas como uma cadeia de coincidências portadoras de significado por subentender a Providência ou o Destino. Ressalta assim o caráter paradoxal do folhetim, que parece o melhor exemplo de obra aberta aos caprichos do leitor, sempre sensível às invencionices espichadas do autor e, ao mesmo tempo, se aproxima da totalidade imanente própria do *fait divers*, de modo que suas repetições estruturais acabam produzindo um sentido misterioso cuja chave toda vez escapa para o episódio seguinte e constitui o grude capaz de prender o leitor, atento às coincidências habilidosas montadas pelo autor providencial.

No capítulo segundo do *Folhetim*, ela cita uma definição do

Grand Larousse Universel do século XIX em que se define a verdadeira mixórdia jornalística que é o *fait divers*:

> Sob essa rubrica os jornais agrupam com arte e publicam regularmente as mais diferentes notícias que correm pelo mundo: pequenos escândalos, acidentes de carro, crimes hediondos, suicídios de amor, pedreiro caindo do quinto andar, assalto à mão armada, chuva de gafanhotos ou de sapos, naufrágios, incêndios, inundações, aventuras divertidas, raptos misteriosos, execuções capitais, caso de hidrofobia, de antropofagia, de sonambulismo e de letargia; salvamentos e fenômenos da natureza, tais como mula de duas cabeças, gêmeos grudados pelo ventre, anões extraordinários etc. etc.

Trata-se de uma espécie de "enumeração caótica", como as que apontou Leo Spitzer no verso livre moderno: uma série de elementos, aparentemente os mais diversos e heterogêneos, equiparáveis também à mescla estilística analisada por Auerbach no romance do século XIX ou à "democracia das coisas" da civilização moderna refletida na lírica de Whitman. A imaginação crítica de Marlyse trabalhou muito, desde o começo, em cima dessas séries discrepantes. Narrativa para provocar o espanto, o folhetim como o *fait divers* sugere uma causalidade ligeiramente anormal ou uma coincidência, conforme se disse. Como a coincidência pode nascer da repetição de um acontecimento e como a repetição leva sempre a imaginar uma causa desconhecida, "repetir passa a significar".[49] As coincidências funcionam mais se os elementos reunidos forem mais distantes, como nas imagens surrealistas: "Pescadores islandeses pescam uma vaca"; ou então, quando se invertem estereótipos de situação: "Assaltantes são surpreendidos por outros assaltantes".

49. *O folhetim*. São Paulo: Companhia das Letras, 1996, p. 99.

Este tipo de série é, na verdade, uma das atrações também para Jorge Luis Borges, cujo gosto pelas enumerações estrambóticas não é apenas uma forma de figurar o infinito, motivo central de sua obra, como um modo de insinuar que, diante dos elementos inumeráveis do caos, pode estar oculto um deus alucinado, um demiurgo que nos mantém presos a um desconcerto fundamental e à mais irremediável perplexidade diante do inconcebível universo. O folhetim de Marlyse, com suas séries ilimitadas de um gigantesco e crescente *fait divers*, pode se aproximar assim da expressão fantástica de um infinito negativo, potencial e incompleto, capaz de nos dissolver na sucessão aberta e inacabada, cujo fim não chegamos a entrever.

O folhetim é a história que não acaba mais, é o Rocambole que se multiplica infinitamente, ou seja, é a forma plástica da imaginação humana em aberto, caraminholas em inacabável espiral. Essa ideia atraiu Marlyse desde a primeira série de que partiu; certamente, os procedimentos de expressão são fatos importantes em que ela foi dar porque mostram que no exagero perene das séries se acha um princípio fundamental da invenção literária: o próprio movimento da imaginação.

Michel Foucault chamou a atenção sobre Borges, ao vincular o nascimento de *Les mots et les choses* à enumeração de "uma certa enciclopédia chinesa" citada em *Outras inquisições*. No ensaio "O idioma analítico de John Wilkins", Borges refere-se à classificação dos animais que o dr. Fritz Kuhn teria feito na remota enciclopédia *Empório celestial de conhecimentos benévolos*:

> a) pertencentes ao Imperador, b) embalsamados, c) amestrados, d) leitões, e) sereias, f) fabulosos, g) cachorros soltos, h) incluídos nesta classificação, i) que se agitam feito loucos, j) inumeráveis, k) desenhados com um pincel finíssimo de pelo de camelo, l) *et cete-*

ra, m) que acabam de quebrar o jarrão, n) que de longe parecem moscas.[50]

A sequência insólita mostra que o exagero ou a hipérbole é um tipo de figura fundamental das séries literárias, que desde o começo atraiu a imaginação de Borges (e de Marlyse), pois pode estar na raiz da invenção. Atenta às séries e aos exageros, a estudiosa deu com o miolo de seu livro principal: quando se pensa na multiplicação disparatada do Rocambole, essa "Ilíada de realejo" (no dizer de Machado), torna-se clara a relação entre o *fait divers* e o modo de ser do folhetim.

O folhetim então se mostra como um desdobramento dessas historietas sempre viçosas no interior das páginas do jornal condenadas ao esfarelamento, por utilizar procedimentos semelhantes de condensação e de expansão, ao mesmo tempo que ele próprio permanece vivo nas origens do romance. Por isso mesmo se torna decisivo para compreensão crítica da formação do gênero, desde suas fontes europeias até as formas do romance brasileiro — percurso que é o foco central da pesquisadora desde mocinha.

Marlyse vai a fundo nos mistérios rocambolescos do folhetim. A certa altura, descobre como o gênero está ligado na raiz a fontes orais (que pesam igualmente no jornal). Benjamin afirmou que o romance voltou as costas à oralidade, pois não provém da tradição oral nem a alimenta. Quando, às vezes, a oralidade volta a penetrar na sua estrutura, alguma coisa dela também se transforma, uma vez que ele se firmou como o gênero moderno de análise do espírito burguês e da experiência individual, sempre debruçado sobre o livro e a leitura solitária. Benjamin demonstra como o romance de Alfred Döblin se altera com a presença da oralidade:

50. Jorge Luis Borges. *Outras inquisições*. Trad. Davi Arrigucci Jr. São Paulo: Companhia das Letras, 2007, p. 124.

ele constitui uma espécie de educação sentimental de um marginal, mas lembra pelo estilo as narrativas populares e tem algo da lentidão dos poetas épicos.

É também o caso de Guimarães Rosa, que, com uma carga da épica sertaneja, muda o quadro do romance de formação, cujo esquema estrutural, no entanto, está lá presente todo o tempo, subjacente às camadas misturadas das formas épicas tradicionais — do ditado, do conto oral até a narrativa romanesca — como um esteio moderno do livro. E, tendo voltado a Rosa, estamos perto do fim da visita.

Ao concluir, devemos considerar como o estudo dessa pesquisadora sobre a estrutura do folhetim não apenas lança luz nas relações entre romance e jornal, através do *fait divers*, mas permite entender melhor as transformações do gênero entre nós por seu vínculo inesperado com as formas da oralidade, desde suas origens até a floração extraordinária do *Grande sertão: veredas.*

O principal da trajetória de Marlyse Meyer, tão móvel e tão rica em contrastes, afirmada pela leitora contumaz, consiste no fato de que ela formulou um problema e centrou a discussão crítica em torno dele, trazendo-nos elementos preciosos para a compreensão do processo histórico de constituição da prosa de ficção entre nós. Desde o começo, ela se aferra a ele e o vai estudando ao longo de diversos livros e artigos; de diferentes modos, trata sempre do mesmo assunto. Um tratamento de muitas faces que também se desdobra como seu objeto escorregadio de estudo. Por essa liberdade notável de visão, pela mobilidade de espírito e por pesquisar com tanta sabedoria e obstinação um assunto de tão grande interesse crítico é que hoje a homenageamos.

3. Questões sobre Antonio Candido*

1.

Quando entrei na FFCL/USP, em 1961, demorei a encontrar apoio bibliográfico para o que eu buscava diante da necessidade de compreensão crítica das obras literárias que tinha de examinar. Os manuais existentes eram esquemáticos e rasos, e mesmo os melhores, como o de Wolfgang Kayser, deixavam a desejar, para não citar os que simplificavam seus semelhantes franceses, provenientes da tradição da "*explication des textes*", já de si um tanto mecânicos. Foi com emoção que comecei a ler os primeiros estu-

*Publicado originalmente na revista *Literatura e sociedade*, nº 11, São Paulo, FFLCH/USP/Departamento de Teoria Literária e Literatura Comparada, 2009. O texto responde livremente a três questões propostas na ocasião dessa homenagem do Departamento de TLLC da USP ao professor Antonio Candido: 1. Quais os conceitos que consideraria mais centrais e fecundos na obra crítica e historiográfica de Antonio Candido? 2. Nesse sentido, que obra ou que ensaio lhe parece exemplar? 3. A perspectiva de Antonio Candido tem vigência crítica no cenário atual?

dos de Erich Auerbach, Leo Spitzer e Dámaso Alonso que a voga da estilística nos anos 1960 fez cair em minhas mãos. Mas a descoberta decisiva e mais próxima foi a de Antonio Candido, que mudava de fato naqueles anos a direção dos estudos literários na universidade brasileira, abrindo-os para a reflexão sobre a literatura moderna, para os problemas teórico-críticos das disciplinas recentes de teoria literária e literatura comparada e para uma visão diferente de nosso passado literário com sua nova concepção de história da literatura, tal como a formulara na *Formação da literatura brasileira.* Dele eu já lera a *Brigada ligeira* e alguns artigos esparsos de jornal, mas foi a leitura da "Introdução" do grande livro de 1959 que me deu o que eu procurava: uma diretriz conceitual para escorar e esclarecer a prática da análise e da interpretação dos textos.

A *Formação* é basicamente um livro de crítica, ainda que escrito de um ponto de vista histórico, e as notáveis análises que se acham ao longo dele estão fundadas no repertório conceitual, exposto com clareza meridiana em sua abertura. O fundamental é aí a concepção do texto como um resultado, cuja relativa autonomia não dispensa para sua compreensão crítica os fatores externos — psíquicos e sociais — que o motivaram e podem estar presentes nele como componentes estéticos da forma significativa, atuantes nas projeções de seus significados. Essa concepção permite adotar uma estratégia maleável e móvel de abordagem dos textos. Graças a ela, é possível encará-los em sua particularidade e integridade, sem deixar de considerar a pertinência estética dos fatores histórico-sociais como constituintes de sua estrutura que pode então ser analisada por si mesma, sem ser reduzida, como se fazia e se faz com frequência, a mero documento da realidade social. Superando tanto o formalismo, limitado à absolutização da autonomia estrutural, quanto o reducionismo sociológico, a proposta de leitura crítica de Antonio Candido é integradora e procura se adequar a uma obra de arte que resulta ela própria da integração coerente das contradições da experiência histórica, sendo, por isso mesmo, capaz de nos proporcionar a experiência estética da estrutura.

Mais tarde, a noção do texto como resultado vai encontrar uma nova formulação no conceito de redução estrutural, que permitirá a Antonio Candido esclarecer cada vez melhor sua ideia de que só pelo estudo da forma é possível apreender convenientemente os aspectos sociais, como se vê pelos ensaios que escreveu sobre os naturalistas (Aluísio Azevedo, Émile Zola e Giovanni Verga) e pelo admirável ensaio sobre Manuel Antônio de Almeida, no qual a integração entre texto e contexto se processa por uma visão dialética.

Até hoje é difícil imaginar um instrumento de trabalho mais fino, abrangente e adequado à compreensão do texto literário do que esse que Antonio Candido elaborou com sua proposta teórica e sua incomparável prática de analista de textos, da qual depende, na verdade, a construção de sua teoria. Isso demonstra que antes de tudo ele é um extraordinário leitor, cujo olhar arguto, sensível e imaginativo sabe captar todo pormenor significativo de uma obra sem perder a mobilidade que lhe dá a compreensão histórica.

2.

Mas há ainda outro conceito fundamental exposto na referida "Introdução" sobre o qual é preciso refletir, quando se considera o ponto de vista histórico que rege aí a perspectiva da crítica. A leitura do livro todo me fez ver que, provavelmente entre os conceitos principais da *Formação*, o mais fecundo, anunciado também de início, mas plenamente desenvolvido no corpo do trabalho e desdobrado e enriquecido em vários ensaios posteriores ao longo da carreira do crítico, é o conceito de tradição literária, "sem a qual não há literatura, como fenômeno de civilização".[51] Ele deriva decerto da concepção da literatura como sistema e, corretamente entendido como ali se formula e se desenvolve, suas consequências permanecem vivas como uma das maiores contribuições do autor à compreensão em profundidade da literatura brasileira.

Através da tradição não se constitui apenas a continuidade literária, com a transmissão da tocha entre os autores e a troca ou a alternância de padrões e valores que se aceitam ou se rejeitam, mas se exprime o sentido histórico mais fundo do processo pelo qual as obras se articulam no tempo, mediante a assimilação do passado e a invenção das novas formas em correspondência com os novos contextos que cada época traz. Na verdade, é no processo da tradição que se exprime a síntese das tendências universalistas e particularistas que define a formação da literatura brasileira, como se vê no caso maduro de Machado de Assis. Seu romance, como mostra Antonio Candido, "se embebeu meticulosamente da obra dos predecessores" — Macedo, Manuel Antônio, Alencar — e dependeu da "consciência de sua integração na ficção romântica" para se constituir em sua originalidade que nasce da superação dos que vieram antes e da distância que soube manter dos modelos estrangeiros, fazendo "literatura universal pelo aprofundamento de sugestões locais".[52]

Desse movimento profundo produzido pela inter-relação dinâmica das obras e dos autores, o olhar do crítico retira o melhor de sua força e sua perspectiva de longo alcance, o que lhe permite dar com seus mais penetrantes achados. Assim, por exemplo, no

51. *Formação da literatura brasileira (Momentos decisivos)*. São Paulo: Martins, 1959, vol. 1, p. 18.

52. As citações foram retiradas do item inicial, "Um instrumento de descoberta e interpretação", do capítulo III, "O aparecimento da ficção", na *Formação da literatura brasileira*, op. cit., vol. 2, pp. 117 e 118.

exame da poesia de Mário de Andrade — outro autor em quem o pensamento sobre o sentido da tradição é essencial à consciência crítica —, em seu nexo com a herança romântica. Com efeito, na análise do poema "Louvação da tarde", que constitui o núcleo do ensaio sobre "O poeta itinerante",[53] Antonio Candido não apenas desencava das cartas entre Mário e Manuel Bandeira o vínculo peculiar que liga a poesia itinerante da "Louvação" à lírica ambulante e meditativa dos românticos, como demonstra que o seu autor, através da "citação quase paródica dos traços românticos", ao mesmo tempo resgata e supera a tradição a que se reporta.

Quando analisei a poesia reflexiva de Carlos Drummond de Andrade, perpassada de drama e pensamento, pude avaliar o quanto o poeta mineiro, cuja atitude antirromântica é tão característica, dependeu de Mário na formação de sua lírica meditativa e, paradoxalmente, através desse vínculo estudado por Antonio Candido, da tradição romântica. Creio que isso demonstra a profundidade e a permanência das relações que unem as obras no sistema coerente de uma literatura como a nossa, tal como a entendeu e deu a ver o seu melhor intérprete.

3.

Num conhecido ensaio de 1865, "O ideal do crítico", Machado de Assis condiciona a existência de uma grande literatura à presença atuante de uma *crítica fecunda*. Esta representa uma vitória sobre o ódio, a camaradagem e a indiferença; depende de uma "ciência literária" e se apoia necessariamente na análise. Combinando ciência e consciência, independência, tolerância,

53. Ensaio incluído em A. Candido. *O discurso e a cidade*. São Paulo: Duas Cidades, 1993, pp. 257-78.

moderação e urbanidade de expressão, além de uma imprescindível perseverança, só assim consegue realizar sua árdua proposta e exercer em seu meio aquela fecundidade essencial à geração das grandes obras.

Durante mais de sessenta anos, Antonio Candido vem cumprindo entre nós, com admirável perfeição, o ideal do crítico de Machado de Assis. Desde sua *Brigada ligeira* (1945) até os *Recortes* (1993) e *O albatroz e o chinês* (2004) — seus livros mais recentes, em que a memória se mostra como caminho e instrumento do desvendamento inquiridor da melhor qualidade —, temos uma prova concreta de sua vitalidade, de sua penetração analítica e do poder de atuação de seu magistério crítico.

Nos *Recortes*, em que a brevidade não desdenha da complexidade, há um pequeno texto, "Realidade e realismo (via Marcel Proust)", no qual sua velha paixão pelo escritor francês se junta à sua preocupação medular pela forma como a realidade se apresenta na literatura, eixo de toda a sua reflexão desde os primeiros tempos do jovem crítico dos rodapés da *Folha da Manhã* e dos artigos reunidos em *Brigada ligeira*.

Trata-se de uma das visões mais agudas e concentradas sobre esse problema que conheço. Nela o crítico acompanha o olhar do romancista desejoso de ir além da fidelidade documentária da narrativa em busca de algo mais geral, "que pode ser a razão oculta sob a aparência dos fatos narrados ou das coisas descritas, e pode ser a *lei* desses fatos na sequência do tempo".[54] Junto com o narrador acompanha então o tratamento dos pormenores, cuja presença, especificação e mudança são os pilares de todo realismo. Neles jaz ainda a chave de superação do realismo documental, pois no registro das mudanças que o tempo imprime ao detalhe pode in-

54. Cf. o ensaio citado em *Recortes*. São Paulo: Companhia das Letras, 1993, p. 123.

troduzir-se a duração, e com ela a história penetra no cerne da representação da realidade. É assim que o crítico desemboca, com Proust, na consideração de uma espécie de "transrealismo, literariamente mais convincente do que o realismo referencial",[55] por permitir a liberdade da imaginação mediante a transfiguração do pormenor, que tem o poder de criar uma realidade além da que experimentamos.

Demonstra, desse modo, como a arte narrativa de Proust depende de um enfoque dinâmico e poliédrico, contrapondo-se ao tratamento estático e plano do realismo tradicional: está voltada para uma visão reveladora da realidade que se ergue pela síntese fundada na analogia entre os detalhes, capaz de desvendar seu significado unitário. Por isso mesmo, valoriza a metáfora, mais que a descrição, pois por meio dela enlaça as semelhanças e une a variedade dos pormenores. Como esse encadeamento analógico de objetos, lugares e pessoas se desdobra no tempo, o narrador tem a possibilidade de captar a relativa permanência da estrutura sob o processo que a constitui — é que ele opera com uma visão integrativa pela qual o estático e o dinâmico, a estrutura e o processo se fundem na síntese.

Através dessas vinculações ocultas entre os pormenores, a arte do narrador luta contra o tempo, pois faz emergir um modelo permanente em meio à dissolução das coisas. A memória, musa da narrativa, ao remontar o passado, mostra que o que passa só ganha significado ao desvendar o que permanece e, a uma só vez, reflui sobre o detalhe permitindo compreender seu valor no processo. Como nos livros infantis em que os números ligados pela ponta de um lápis delineiam uma figura, as vinculações fazem emergir o modelo da união dos pormenores, que só então, nessa

55. Idem, ibidem, p. 125.

relação dinâmica entre tempo e modelo, revelam seu verdadeiro sentido.

Nesse desenho do narrador que nasce da observação detalhada das coisas passageiras se pode ver também uma metáfora do trabalho do crítico, em busca da integração e da coerência que definem a forma literária perante a realidade do mundo e foram sempre alvos preferenciais de sua longa jornada em meio à multiplicidade aparentemente caótica dos textos.

Durante sua formação como narrador nos anos 1930, Jorge Luis Borges, interessado também no modo como se apresenta literariamente a realidade (e a irrealidade), descobriu que o método mais difícil e eficiente de postular a realidade na arte narrativa depende da invenção de "pormenores lacônicos de longa projeção".[56] E foi levado então a reduzir o princípio de causalidade que rege a construção do enredo do romance, que ele aproxima paradoxalmente da magia, com seus jogos de vigilâncias, ecos e afinidades, a uma verdadeira fórmula lapidar: "Todo episódio, num relato cuidadoso, é de projeção ulterior".[57] O breve ensaio de Antonio Candido lança inesperada luz sobre as preocupações do então jovem Borges, anticonfessional e tão diferente de Proust, demonstrando a percuciência e o longo alcance de sua visada para além do espaço a que se limitava. Creio que não preciso dizer mais para demonstrar a força viva de seu modelo crítico.

56. J. L. Borges. "A postulação da realidade". Em *Discussão* (*1932*). Trad. Josely Vianna Baptista. São Paulo: Companhia das Letras [2008], p. 77.
57. Em "A arte narrativa e a magia", op. cit., p. 91.

4. Em busca do sentido*

(Entrevista)

Todo o meu trabalho nos estudos literários — de crítico literário, ensaísta e professor de teoria literária da USP — teve sempre muito a ver com a teoria e a prática da interpretação. Em 1990, quando defendi a tese de livre-docência com um livro sobre Manuel Bandeira, tive de formular, numa das provas, o projeto de um curso. Pensei, então, em um curso sobre métodos e técnicas de análise e interpretação da obra literária, o que acabou sendo um pouco o resumo de minha trajetória, do aprendizado desde os contatos iniciais que eu tive na universidade com a prática da análise de textos. Toda a crítica que desenvolvi nos meus ensaios e nas aulas está fundada num tipo de leitura cerrada, de "close reading", que não é exatamente o "close reading" de tendência norte-americana dos anos 1940, 50 e 60, apesar de ter bebido nisso também, mas um "close reading" muito assentado na estilística, que é uma espécie de fenomenologia com psicanálise e crítica social, e num

*Entrevista publicada originalmente na *Revista Brasileira de Psicanálise*, vol. 39, nº 1, 2005.

modo específico de abordar os textos que aprendi com meus mestres da crítica brasileira. A vertente da estilística que mais me interessou primeiro foi a da estilística espanhola de Dámaso Alonso, voltada sobretudo para a leitura do texto poético, e, em seguida, a alemã, representada por Leo Spitzer e Erich Auerbach, grandes críticos, extraordinários leitores de literatura. Além disso, é claro, estava acompanhando, fazia muito tempo, as obras de críticos daqui, como Mário de Andrade, Augusto Meyer, Otto Maria Carpeaux (que já era nosso) e sobretudo Antonio Candido.

O terreno da interpretação é vasto. Você falou um pouco da sua experiência na análise de textos. Na sua formação, a interpretação em outras áreas teve um peso decisivo?

O terreno da interpretação é de fato muito vasto e bastante complexo, mas talvez seja o momento de tentarmos definir alguns pontos fundamentais. A teoria da interpretação é tão complexa e extensa que vai além das minhas forças, restritas ao terreno literário propriamente dito. Não tenho uma formação tão ampla e poderosa para responder em todos os campos em que a interpretação tem um papel decisivo: basta imaginarmos o campo imenso da exegese bíblica, a que muitas vezes devemos voltar em nosso trabalho, mas é sempre um enorme desafio. Existe uma hermenêutica filosófica, muito importante, e que eu estudei um pouco. Li vários livros nessa direção, alguns deles pesaram bastante na minha formação, como os de Gadamer e de Luigi Pareyson, sem falar em Schleiermacher e na questão do círculo hermenêutico. Há a hermenêutica psicanalítica e sua discussão, como a de Paul Ricoeur, por quem também me interessei vivamente. Mas foi na prática da análise de textos literários que nasceu a minha inquietação teórica com relação à interpretação.

Talvez seja o momento de detalhar os métodos da interpretação na literatura.

Quando eu falo em interpretação na literatura, penso na expressão verbal da compreensão, na tradução em linguagem daquilo que compreendo no modo de ser de uma obra literária. Existem duas atitudes básicas nos estudos literários: a atitude de explicação e a de compreensão. Explicação significa tomar a estrutura significativa da obra com relação a estruturas maiores. Ou seja, toma-se aquele texto particular, aquele conjunto de signos particulares que o constituem e o inserimos em contextos mais amplos, seja na dimensão da história, seja na da linguagem, seja ainda na da cultura em geral, aproximando-nos da esfera de disciplinas afins. A atitude explicativa traduz aquele conjunto de signos e seus problemas em uma outra coisa. Essa atitude pode ser muito importante na tarefa de abordagem dos textos, mas ela não é a tarefa decisiva para o intérprete da literatura; constitui apenas um preâmbulo para o trabalho interno mais importante. A tarefa decisiva é a tarefa de compreensão. E a compreensão consiste justamente na penetração na estrutura significativa da obra.

Como você disse, a atitude explicativa é fundamental, mas não decisiva. É possível falar em limites da explicação?

Até onde explicar para compreender? T. S. Eliot, em vários ensaios do começo do século XX, sobre a função e as fronteiras da crítica, tratou dessa questão tão importante para a geração dele. Segundo Eliot, o poema deve ser compreendido em si mesmo e por si mesmo. A poesia é capaz de nos dar uma coisa que só ela dá. Nenhuma explicação, nenhuma tradução do poema em outra coisa poderá responder à pergunta que o poema nos coloca, a pergunta drummondiana: "Trouxeste a chave?". Mas nós não podemos compreender sem explicar. Há obras literárias que exigem, necessariamente, a explicação, ou seja, a elucidação de todos aqueles elementos objetivos do texto que emperram ou dificultam a compreensão.

A explicação pode ser uma espécie de superação inicial de alguns dos obstáculos do texto.

O poema que requer uma explicação é um poema afastado de nós por uma ou por várias das razões do seu modo de ser. Ou seja, por exemplo: por uma linguagem peculiar. A linguagem pode ser arcaica, pode conter alusões difíceis de decifrar. Ela também pode ser de tal modo singularizada pelo uso estilístico que dela faz o autor que se torna difícil, como é o caso de Guimarães Rosa, entre nós, ou o de Louis-Ferdinand Céline, na literatura francesa.

Há, então, uma dificuldade a ser enfrentada pela explicação inicial. A operação explicativa daquilo que emperra a compreensão é o comentário. O comentário é algo velhíssimo e surgiu pela primeira vez, na história do Ocidente, quando os textos de Homero, no século III a. C., começaram a ficar difíceis para quem os escutava ou no seu processo de transmissão. O século VIII a. C. é o de Homero, e nesse intervalo até o III muita coisa se interpunha entre o receptor e o texto para que ele o pudesse entender. Então, houve a necessidade de uma disciplina para explicar os textos difíceis de Homero, e assim surgiu a filologia. Pode-se dizer que a explicação necessária com que se deve trabalhar diante dos textos cujo acesso se torna difícil é o comentário filológico. O comentário é um comentário factual dos elementos objetivos e depende, sobretudo, do conhecimento da história e da linguagem.

O comentário filológico foi mudando ao longo dos séculos. E o que se pode perceber é que ele virou uma espécie de marginália nos textos literários ao longo da história da literatura. E foi tão importante que às vezes se intrometeu dentro dos textos. Há obras que contêm o seu próprio comentário ou poetas que comentam os seus próprios poemas, como foi, por exemplo, o caso de Eliot, já citado, ou de Umberto Saba, na Itália, autor de um longo comentário que acompanha o seu *Canzoniere*. O *Itinerário de Paságarda*, de Manuel Bandeira, tão notável pela qualidade da prosa com que enlaça poesia e experiência vivida, pode ser lido nesse sentido.

Talvez seja interessante ressaltar as armadilhas colocadas no meio do caminho da interpretação. O processo interpretativo pode ficar totalmente comprometido por causa de um equívoco no início da leitura, não é verdade?

Deve-se resolver, antes de mais nada, o problema da tradução literal dos significados expressos. Isso pode parecer simples e fácil, resumindo-se ao emprego do dicionário, mas nem sempre o é. É uma operação crítica de primeira grandeza, envolvendo paciência, erudição e senso crítico, além de antenas propícias. Eu posso interpretar mal uma palavra do texto e isso tornar-se desastroso para a interpretação que depois virá. Por exemplo, no poema "O cacto", de Manuel Bandeira, pode ser desastroso se eu não compreender que "feracidade" não tem nada a ver com fera nem com atrocidade, mas com fertilidade. A leitura pode já de início desviar-se do texto correto. No poema "Áporo", de Drummond, um crítico leu, certa vez, na primeira estrofe do poema, em vez do termo "perfura", referido ao inseto que cava, "perfuma", legitimando um erro tipográfico, e teve que se ver às voltas com a justificativa de sua leitura. Mas isso pode ocorrer com qualquer um que, inadvertidamente, não comece do mais simples e não leve em consideração, antes de mais nada, a precisão do sentido literal em sua correspondência com os signos corretos do poema, cujo texto deve estar perfeitamente bem estabelecido, antes que se avance no trabalho. Se não se entende um termo na acepção exata em que ele está utilizado no texto, toda construção do sentido poderá cair por terra. Esse trabalho filológico é inicialmente externo ao que de fato interessa no texto, mas pode ser decisivo como tarefa preparatória e tem a ver, desde o começo, com nossa sensibilidade para os elementos significativos. Ele não é, a princípio, uma operação interna. Mas é uma ponte para o interno. Aos poucos, quando bem conduzido, vai virando interno: os limites entre a explicação externa e a análise podem ser tênues. Nas mãos de um grande crítico, o comentário já acumula dificuldades pertinentes para serem vencidas nas etapas posteriores, que são a análise e a interpretação propriamente ditas. Essa abordagem inicial é uma preparação do terreno. Um crítico alemão que meu mestre Antonio Candido gostava de citar dizia que o comentário era o vestíbulo da boa interpretação, e continua sendo.

Apostar todas as fichas no comentário torna acanhada a via interpretativa.

Eliot afirma que é preciso saber onde parar com a explicação. Só explicar o explicável. Isso já é uma tarefa crítica. O miolo da crítica não é a explicação, mas a compreensão do que não é explicável, como sugeri faz pouco. Mas há livros de explicação utilíssimos que não chegam propriamente ao miolo da tarefa crítica e, no entanto, abrem o caminho para ela. Por exemplo, hoje, quase não podemos ler "Macunaíma" sem a ajuda do *Roteiro de "Macunaíma"*, de Manuel Cavalcanti Proença, esse grande estudioso de nossas letras. Isso porque é um livro preparatório do terreno. Quem pode dispensar, para começo de conversa, o excelente livro de Stuart Gilbert ao se dispor a ler o *Ulisses*, de Joyce?

Walter Benjamin, num texto belíssimo sobre "As afinidades eletivas", de Goethe, afirma que há, na obra literária, um conteúdo de coisa e um conteúdo de verdade. No primeiro momento, os dois conteúdos estão ligados, unidos, mas conforme o tempo passa, a perspectiva histórica mostra que o factual pode boiar, como na operação de catar feijão, do nosso poeta João Cabral, enquanto o conteúdo de verdade vai para o fundo. O comentador deve limpar essa escrita do pergaminho para deixar ver o conteúdo de verdade que jaz por baixo, peneirar com jeito, para separar os grãos bons da palha e das impurezas que se acumulam, atrapalhando. Quando executa adequadamente esse procedimento, o comentador, como disse Benjamin, remove as pesadas achas do passado que recobrem o texto, para deixar a chama viva exposta à compreensão do crítico. O crítico está interessado no conteúdo de verdade, naquilo que mantém viva a chama da fogueira. Isso é tarefa da crítica literária e das operações internas. Estou falando da análise e da interpretação.

Talvez valha a pena detalhar um pouco o processo analítico.

A análise é uma desmontagem, é uma divisão do todo em partes para o reconhecimento da funcionalidade que têm as partes no todo. A interpretação é uma tradução interna, pessoal e afetiva, desses elementos que formam o todo: depende de uma reconstituição do todo, baseada na análise. A interpretação depende da constituição e da reorganização do todo para a tradução final dos significados num sentido. Para reforçar o que afirmei há pouco, gostaria de citar uma frase que está na teoria estética de Adorno: "Mesmo a obra corretamente interpretada gostaria de ser mais compreendida, como se aguardasse a palavra de resolução perante a qual se esvaeceria a sua obscuridade constitutiva". Mas isso não se cumpre de todo. Adorno considera que, mesmo quando feita corretamente, a interpretação é inesgotável. Quando ele fala disso, está tratando do caráter enigmático da obra literária e de toda obra de arte. Do simbolismo para cá, toda experiência da arte moderna frisa esse aspecto, ou seja, que a obra literária é uma espécie de enigma. A interpretação sempre lidou e lida com uma questão, no fundo, enigmática. Em inglês, enigma é uma forma de "riddle", ou adivinha, que está ligada à raiz do verbo "to read". Então, a leitura crítica se depara no fundo com o enigma, com a pergunta da adivinha.

Um de seus livros tem, justamente, o título Enigma e comentário.

Isso mesmo. *Enigma e comentário*. Quer dizer, o comentário de um enigma. Um poeta amigo meu, Antonio Carlos de Brito (Cacaso), quando eu publiquei o livro, disse: "Gostei demais desse título porque todo objeto é enigma; todo pensamento, comentário". Ele estava anunciando exatamente o miolo do livro, que também é o miolo da interpretação. E a interpretação vai lidar com o caráter inexaurível do fundo da verdade literária.

O filósofo italiano Luigi Pareyson disse que a formulação da verdade é uma questão hermenêutica. Toda formulação da verdade, toda interpretação, é uma tentativa de dar conta dessa totalidade que é a verdade. Mas ela só aparece como verdade verdadeira se se mantiver como verdade infinita para a pessoa que é o intérprete. Cada um dos intérpretes deve fazer uma leitura totalizante dessa verdade: tão adequada, abrangente, coerente, que seja capaz de trazê-la viva e iluminada à nossa presença. A interpretação é total enquanto leitura pessoal da verdade. Quando o intérprete se coloca diante de uma obra de arte, ele deve saber e estar preparado para uma operação interna, afetiva e pessoal. Ou seja, a resposta interpretativa que o crítico dá ao texto não é cabal, não é nunca definitiva, como se ela exigisse sempre o movimento em aberto do ensaio: ela talvez seja lateral, sem ser unilateral, mas deve corresponder ao que a pessoa compreendeu da obra enquanto todo.

O enigma, na versão de Pareyson, é uma forma de infinito cravado no texto. Ou seja, é uma pergunta que se repete a cada passo, a cada novo leitor. O texto renova o enigma. Cada nova interpretação volta à fonte originária, que é inesgotável. Isso faz com que o enigma esteja presente no miolo da obra, como um desafio à interpretação. Nessa linha de pensamento, o enigma é o lugar da pergunta. Adorno, na *Teoria estética*, afirma ainda que a função da crítica não é resolver o enigma, mas mostrar as razões de sua indissolubilidade.

A totalidade da verdade está inteira em cada uma das partes. E cada uma das partes remete a essa verdade total porque é uma continuidade da verdade total. Isso significa que o processo pelo qual se deve desenvolver a interpretação é uma visão da totalidade que a cada passo se justifica nas partes e se reencontra na visão do todo. O movimento da interpretação é o movimento do círculo hermenêutico de que falou Heidegger, provavelmente retomando o pensamento de Schleiermacher a esse propósito, ou seja, é um movimento do todo à parte e da parte ao todo.

O processo pelo qual eu entro no círculo é complicado. Afinal de contas, ele depende da atenção flutuante do leitor sobre o texto. Vamos colocar a seguinte situação: eliminadas as barreiras objetivas à compreensão pelo comentário, limpo o terreno, eu começo a entrada no texto. Onde me fixar? Por onde começar? Não há resposta para esse impasse inicial. Eu tenho de ler e reler diversas vezes. Devo dedicar a essa aproximação uma atenção flutuante, como talvez dissesse um psicanalista. De repente, eu me dou conta de que uma metáfora é recorrente e, portanto, tem alguma outra ligação dentro do texto. Posso perceber, também, que essa metáfora está repetida no ritmo do poema, e que o ritmo se confirma pelas rimas, interligando palavras-chave para a construção do sentido. Percebo assim elementos de semelhança dentro da sequência dos signos. Portanto, na atenção flutuante dedicada ao texto é possível detectar um detalhe significativo que se liga a outros, permitindo o estabelecimento de uma cadeia coerente de significados na qual, em cada elo, está latente a totalidade. Vai-se da parte ao todo para, a cada passo, reiluminando-o, confirmar o rastilho de luz das demais partes significativas. E, à medida que se progride, vai-se criando uma imagem do todo, da mesma forma que, no começo da leitura, já se tem uma ideia obscura do todo que aos poucos vai ganhando concretude e se tornando mais nítida, mediante a interligação explicitada dos elementos particulares do texto.

Um aspecto nada desprezível no processo interpretativo é a carga de experiência do intérprete.

Aqui, há vários problemas. Toda vez que abordo um texto ou uma obra de arte, abordo com tudo o que eu sou, com toda a experiência que tenho acumulada (da leitura do poeta em questão, da leitura de poetas similares da época, da história da época, de todo o meu conhecimento pregresso etc.), como a pessoa que sou. Eu posso dominar uma multidão de informações preciosas que me levam ao texto e interferem no entendimento dele. Essa carga de informações pode me auxiliar muito no comentário para eliminar aquilo que me impede a passagem para o *deslinde* do texto, para empregar uma palavra cara ao grande escritor mexicano Alfonso Reyes, que escreveu sobre esse problema palavras sábias. Por outro lado, tudo o que sei pode também se transformar numa ideia preconcebida do texto. Eu forjo, de antemão, uma imagem projetiva do que é o texto em que esses dados prévios se incluem, determinando uma direção de leitura. Essa imagem projetiva é, rigorosamente, um pré-juízo. Na crítica das ciências humanas, na tarefa interpretativa, o círculo hermenêutico se abre pelo risco do preconceito, que deve de algum modo ser posto entre parênteses para que o processo da compreensão adequada possa se dar.

Sobre isso, vale a pena relembrar a expressão "suspension of disbelief", de Coleridge, ou seja, "a suspensão da descrença". Devo colocar de lado as minhas crenças, os meus conhecimentos, para poder encarar sem preconceito o texto a ser compreendido, mesmo quando ele se afasta em direções diversas ou se opõe às minhas próprias ideias e sentimentos. Devo me entregar, generosamente, a um embate direto com o texto. A falta de generosidade na leitura pode ser um empecilho lamentável da compreensão. Como dizia Heidegger, a única fonte da minha verdade é a resposta que eu possa dar à coisa em si, e não ao conhecimento prévio que eu tenha das coisas.

Para se desfazer o prejuízo, é necessário apoiar-se diretamente na coisa propriamente dita, ou seja, naquilo que está dado na estrutura significativa: aquilo que faz com que o poema seja um poema, e não outra coisa. Deve-se tender a uma leitura fresca, o mais possível direta do que deve ser interpretado.

Vale a pena ressaltar o seguinte: todo o conhecimento nessa área se dá por uma antecipação do objeto, mas essa visão deve ser escorada, a todo momento, nos detalhes textuais particulares nos quais eu ao mesmo tempo confirmo minha visão e a projeto ao passo seguinte. E esse movimento de apoio confirmativo na parte só a desmontagem analítica pode dar, revelando a funcionalidade expressiva da parte na constituição do todo. A análise é um modo de objetivar a visão intuitiva do todo, confirmando-a nos detalhes que a sustentam enquanto imagem adequada da totalidade. Minha certeza de estar no caminho certo deve ser reconfirmada, por esse movimento circular, a cada passo no labirinto do sentido. Certamente a história e a linguagem são instrumentos de apoio nas vacilações do caminho.

Podemos falar um pouco de símbolos e mitos? Certamente, a partir daqui, a comparação entre interpretação literária e interpretação psicanalítica é inevitável.

Sob muitos aspectos toda obra literária se apresenta como um símbolo e parece pedir uma decifração. Ela tende sempre a colocar uma pergunta, e não necessariamente a respondê-la. A resposta à pergunta nos situaria diante do mito, que é a resposta de uma pergunta originária.

O mito é o fechamento.

Sim. O mito é a resposta. Se eu responder, eu mitifico a literatura e a transformo numa fábula moral. Os poetas não têm essa resposta. Freud, no início da psicanálise, parece utilizar a literatura como uma espécie de campo de provas da teoria psicanalítica. Vale-se dos poetas e da literatura provavelmente porque a literatura é, como o sonho, o lugar do símbolo. Mas a resposta que Freud dá a isso é, para mim, inaceitável, ou seja, a resposta do complexo de Édipo, dos desvios do desejo. Ele traduz o símbolo em mito. Todos os textos apontariam na mesma direção, mas os textos não apontam para a mesma direção. Eles recolocam a pergunta. No momento em que a interpretação psicanalítica se converte em explicação, ela se afasta da interpretação literária. E a interpretação literária deve trazer o sentido vivo, não explicá-lo.

Apesar dessas ressalvas, Freud foi um leitor bastante arguto.

Para mim, Freud é um notável crítico literário. Isso porque ele é um mestre da exegese. É um mestre da interpretação, da leitura analítica, com um senso agudíssimo do que no texto desempenha papel significativo, mas a resposta que ele por fim formula para a literatura, para o lugar da arte me parece ainda herdeira da tradição positivista do século XIX. E isso eu não aceito. Mas é uma interpretação minha. No processo todo — não me levem a mal —, a psicanálise é um ramo da literatura. Borges disse isso da metafísica.

Toda a colocação da psicanálise se aproxima, como forma de linguagem, do desvelamento da literatura. Agora, a explicação cabal do lugar da arte, do artista, do sonho acordado análogo ao do neurótico, apenas com volta à terra, tudo isso me parece o lado mais fraco. O lado forte é justamente o processo de desvendamento do enigma. Mas não a solução. A solução explicativa é, para mim, o lado inaceitável da interpretação freudiana da literatura.

Mas o processo mais amplo da interpretação psicanalítica sempre me interessou e continua me interessando, porque há ali uma tentativa de decifração da linguagem simbólica, compartilhada pela literatura.

A força da imaginação entra como aspecto fundamental no processo de abordagem do enigma?

Há, certamente, a verdade da imaginação. Essa verdade da imaginação que a literatura propõe como sua verdade não é a verdade da ciência. Ou seja, a imaginação imprime um valor cognoscitivo na literatura, e isso foi percebido e dito por Aristóteles. Esse valor cognoscitivo da imaginação se refere àquilo que pode ser, não necessariamente ao que é ou foi apenas. A literatura nos propõe a cada passo algo como se fosse, e não tão somente o que é. Hipóteses de ser, que às vezes se cumprem, às vezes não. A ficção é sempre como se fosse. Personagens como Don Quixote, Falstaff são como se fossem; são hipóteses de ser que, por vezes, nós reencontramos em nova vida, ora um pouco diluído aqui, ora um pouco lá. Eles existem; são criações da imaginação. É essa a força da literatura.

A força da imaginação é básica para nós. O reconhecimento do valor cognoscitivo da imaginação não escapou à percepção romântica. Antonio Candido afirma que ainda vivemos, num certo sentido, um longo pós-romantismo, porque foram os românticos que abriram a possibilidade de a gente apreender o valor da imaginação como uma forma de conhecimento. Podemos dizer que a imaginação é a força plasmadora de tudo que tem valor em arte, da forma artística enquanto tal.

Na interpretação literária não há como fugir do seguinte ponto: as múltiplas possibilidades oferecidas pelo texto literário. Sobre isso, um equívoco frequente é a busca da resposta definitiva.

Na verdade, uma teoria da interpretação é uma teoria das relações entre a imagem e o sentido. É uma teoria do símbolo, do duplo sentido, *do signo que não se limita a designar um sentido primeiro, mas dá acesso a um sentido segundo através do primeiro.* Isso é a literatura e o que ela faz com a linguagem. Cria um mundo como se fosse e que às vezes se encarna na história. Às vezes não. Por isso, Aristóteles dizia que a literatura é mais filosófica do que a história, porque a história só cuida do que foi. E a literatura cuida do que pode ser. O poder ser é o lugar da imaginação. É isso que faz, por exemplo, Jorge Luís Borges, esse grande escritor, dizer que o estético é o lugar do enigma, porque se situa no limiar de uma revelação que, no entanto, não se produz. O estético é um lugar de uma revelação que não se cumpre. É a iminência da revelação, ou seja, é aquilo que pode ser.

Borges enfrenta um problema da história literária, o falso problema de Ugolino, que é uma passagem famosa do canto 33 do "Inferno" de Dante. Trata-se da história de um conde pisano, Ugolino della Gherardesca, que foi encerrado com seus dois filhos e dois netos numa torre, depois conhecida como a Torre da Fome, acusado por um arcebispo, Ruggero, de ter traído a cidade de Pisa, entregando territórios dela a outras cidades italianas com as quais estava em luta. Na abertura do canto 33, Dante e Virgílio chegam à prisão, e Ugolino está roendo o crânio do arcebispo que o denunciou e, depois de limpar a boca na cabeleira de Ruggero, narra a história terrível de seu fim. Aí ele limpa a boca nos cabelos do sujeito que está sendo comido e diz a Dante: "Pretendes que eu renove, inteira, a dor que ainda me punge o peito e a mente [...], relatando aquilo que aconteceu comigo?". Então, ele conta que foi encerrado naquela torre e, depois de ver várias vezes a lua erguida no céu, teve um sonho: sonhou que era um lobo com seus filhotes acuado por uma matilha de cães de caça do arcebispo e de seus comparsas que o perseguiam até a exaustão, de modo que um cão já lhes metia os dentes. Naquele desespero, na angústia daquele sonho, ele mal desperto ainda, com o clarão do dia, julga ouvir os soluços dos filhos implorando pão. Logo, ouve o batimento dos pregos que estavam encerrando-os na prisão. Percebe que seu destino está selado e que está posto ali para morrer de fome com seus descendentes. O seu desespero vai crescendo, enquanto vê crescendo a fome entre as crianças. Ele morde a mão, em dor desatinada. E um dos filhos lhe oferece a própria carne, julgando que fosse por fome que mordia, e dessa forma essa carne à sua origem voltaria. Numa certa altura, no verso 75 do canto 33, vem então o seguinte: *Poscia, più che il dolor poté il digiuno* [Depois, mais que a dor pôde o jejum]. Todos os comentadores antigos do texto entenderam que ele morreu simplesmente, morreu de fome, tendo essa necessidade superado a trágica dor. Mais que a dor, o jejum decidiu o destino de todos, matando-os. Os modernos levantaram a hipótese de que, nesse verso, haveria uma sugestão de canibalismo, que Ugolino teria devorado os filhos. Desesperado, teria comido a carne que ele próprio gerou. Há vários índices: o lobo perseguido a dentadas, a carne do filho oferecida ao pai. Há outros detalhes, ainda, que reforçam o mesmo sentido, sugerindo essa interpretação. Ugolino comeu ou não seus descendentes? É um problema? Borges afirma, a meu ver com inteira razão, que é um falso problema. Ugolino comeu e não comeu. Pode ter comido, o que é mais terrível que comer. A literatura está na iminência de uma revelação, não na revelação.

Talvez se possa dizer algo parecido do enigma de Capitu. Capitu traiu ou não traiu? Pode ter traído. Essa é a resposta, a resposta da ambiguidade. Essa resposta preserva a leitura de *Dom Casmurro* e vai fazer, em todo o tempo, metade da crítica dizer que traiu e metade dizer que não traiu. Mas a crítica, a meu ver, que melhor acerta o alvo será a que diga: traiu e não traiu. Pode ter traído. Porque o símbolo é a potencialidade do ser, não o fato acontecido. Essa experiência é fundamental para que o estético se mantenha. A tradução em outra coisa liquida a possibilidade da interpretação simbólica da literatura. A duplicidade é a característica fundamental do símbolo.

Como Marx, Freud desconfiava sempre do que está por baixo. Agora, para a literatura, a explicação cabal do que está por baixo pode ser desastrosa. Se você revelar tudo. Não existe a interpretação completa. Não existe interpretação definitiva, porque o enigma é inesgotável.

Um bom exemplo dessa inesgotabilidade do enigma poderiam ser as imagens do "áporo" e da "salamandra", tal como aparecem nos poemas famosos de Carlos Drummond de Andrade, que eu analisei em detalhe em dois capítulos de meu livro *Coração partido. Uma análise da poesia reflexiva de Drummond*. Na verdade, o "claro enigma" é a fonte perene de que brota a admirável lírica meditativa do grande poeta.

Normalmente, a poesia é definida como a mais poderosa das manifestações literárias. Você poderia dar algumas explicações sobre a força da poesia?

A poesia é uma forma de condensação. É uma síntese da totalidade. Isso é a coisa mais bonita no poema. O poema se cumpre em poucas palavras. É próprio do lírico cumprir-se na brevidade. Mas, ao cumprir-se na brevidade, ele é capaz de dar conta do universo, de condensar o mistério do universo. A poesia é a linguagem mais condensada, mais prenhe de significados que o homem inventou.

A condensação é um dos modos de exprimir a capacidade do símbolo de encerrar significados múltiplos num único signo. Todos os recursos estão postos para fazer a palavra vibrar nos mais diferentes planos e condensar o máximo de carga de sentido que ela possa ter. Por isso mesmo, a prosa, quando é alta prosa, se faz poesia pela força de condensação que adquire. Mas a poesia é onde mais se pode observar essa força extraordinária de uma emoção que sintetiza o universo em palavras.

Paul Valéry, que sempre foi muito atento a isso, chamou a atenção para o fato de que a emoção poética se distingue da emoção banal — do medo, da coragem, do amor, enfim de todas as emoções —, porque, na verdade, é uma emoção que nos dá a sensação de universo. Ou seja, ela tem a capacidade de — este verbo talvez não exista, mas se pode formar — constelizar, fazer constelação de coisas que não estão ligadas. Por isso o enlace de coisas heterogêneas na imagem é tão poético, porque quando se aproximam coisas que aparentemente não tinham relação alguma para a percepção corriqueira, a gente tende a avaliar essas coisas como semelhantes de algum modo. Ou reconhecer e reavaliar os limites e as diferenças entre essas coisas.

Na poesia, toda sequência é analógica, funda semelhanças. Tudo o que está perto a gente tende a avaliar como próximo no plano dos significados; somos assim levados a perceber, com surpresa imaginativa, a semelhança de seres díspares. O ritmo e a repetição são procedimentos de que a poesia se serve para tornar a sequência representativa da semelhança, constelizando elementos heterogêneos na mesma corrente de emoção que os interliga e tensiona, formando um todo significativo. O universo, múltiplo e caótico, tende a se unificar na poesia.

Como você articularia literatura e desejo?

Na narrativa literária, todo movimento é a história do desejo que topa com dificuldades para ir a seu objeto. Ou seja, todo o percurso do desejo para se cumprir é o objeto da narrativa. A narrativa vive das contradições de que sofre o desejo e da falta que isso traz, por não se cumprir. Esse movimento é o movimento da narrativa. O diabo é o elemento contraditório e de divisão que estimula o movimento da narração; é aquilo que impede que o desejo se cumpra e nos força a narrar. Quando o desejo se cumpre, a narrativa acaba. É preciso que haja sempre a contraparte do diabo que acende o desejo. O desejo, como Montaigne dizia, cresce com a dificuldade. A história da narrativa é uma história dessas dificuldades.

A poesia também trabalha com isso?

A poesia também diz isso, de algum modo, e diz nos extremos. Na origem da lírica está o ditirambo, que é a expressão da mais profunda alegria e da tristeza mais profunda. Essa oscilação é a oscilação máxima da lírica. A origem da lírica é o oráculo, a expressão lapidar do oráculo. A palavra lírica é uma forma de sentença oracular. Por isso, ela é imagem enigmática. A narrativa apenas desdobra as imagens oraculares no movimento do ritual, que está na origem da narração. Essas imagens são desdobradas no movimento narrativo e são sintetizadas no instantâneo lírico.

Em determinado momento da nossa conversa, você delimitou os terrenos da interpretação literária e da interpretação psicanalítica. Ainda assim, é possível ver algum tipo de influência da psicanálise sobre a literatura?

A psicanálise sempre teve, desde o início, contato estreito com a literatura, pois, como se sabe e foi dito aqui, Freud se serviu da literatura como campo de provas da psicanálise. Jean Starobinski, um crítico suíço de grande importância, tem um ensaio excelente, em *La relation critique*, que trata da relação da literatura com a psicanálise, debruçando-se sobretudo nos elementos que a psicanálise, no curso de sua elaboração, tomou emprestados da literatura para assimilá-los à sua própria estrutura doutrinária. Eu sempre tratava desse ensaio com meus alunos, porque nele estavam discutidas as diferenças na concepção final da interpretação no terreno literário e no terreno da psicanálise, mas também a aproximação íntima pela qual a psicanálise, devolvendo os materiais de empréstimo, acaba falando a mesma linguagem da literatura.

A psicanálise impregnou toda a tradição da crítica literária do século XX. Num grande crítico da estilística que já citei aqui, Leo Spitzer, ela se incorporou profundamente na sua concepção mesma da linguagem literária e do estilo como desvio linguístico, até na noção que no início desenvolveu do *etymon* espiritual de um autor, como concepção da unidade profunda de sua obra. Nos Estados Unidos, Kenneth Burke, por exemplo, tentou juntar marxismo com psicanálise na crítica, na análise dos motivos, na gramática dos motivos. A psicanálise entrou profunda, mas indiretamente, em alguns críticos, em Richard Blackmur, por exemplo, que era um leitor fenomenal de poesia e de intrincados labirintos de certos prosadores, como Henry James. A psicanálise também está presente em William Empson, que escreveu o livro *Sete tipos de ambiguidade*, muito próximo das latências da psicanálise, sem falar nos que beberam diretamente na doutrina psicanalítica, como Charles Mauron, na França, ou Maud Bodkin, nos Estados Unidos. Alguns críticos desenvolveram conceitos apoiados na psicologia profunda de Jung, como Gaston Bachelard e sua fenomenologia da imaginação, centrada na teoria do devaneio a partir dos elementos materiais do universo: o fogo, o ar, a água e a terra. Mais indiretamente, percebe-se, nessa mesma direção, o aproveitamento de tipos de Jung, na visão do romanesco tal qual a concebeu o grande teórico e crítico canadense Northrop Frye. No Brasil, poderíamos começar por Mário de Andrade, que acompanhou de perto o desenvolvimento da psicanálise e fundou nela muitas de suas ideias críticas, antes que a psicanálise penetrasse largamente na crítica universitária, depois dos anos 1940 até o presente, como se vê em vários de meus colegas de ofício. Por tudo isso, e muito mais, que não há tempo para desenvolver, é impossível não levar em conta a psicanálise se se quer compreender o que se passou nas diversas correntes da crítica literária do século XX, em que se manifesta direta ou indiretamente sua marcante presença, seja nas concepções da psicologia do criador ou da gênese da obra, seja como instrumento de trabalho na análise dos fantasmas do desejo que assombram as obras literárias.

EXTRA, EXTRA

Cadáver com batatas e molho inglês*

A ARTE DE DESTRUIR

Deve ter sido pelos anos 1950 que me deixei contaminar, ainda menino, pelo temível *bacilo de Hitchcock*. Sei bem que só mais tarde ele foi assim chamado pelo escritor cubano Guillermo Cabrera Infante, dado sempre a trocadilhos e, no princípio, também à crítica de cinema. Era no tempo em que escrevia sob o pseudônimo de G. Caín no diário *Revolución*, em Havana, onde viu os mesmos filmes que então víamos por aqui.[58]

Pode ter sido em meio aos suores frios de *Vertigo* [*Um corpo que cai*], certa noite no cine Arcadia, quando deu com a revelação.[59] O isolamento e o nome do bacilo terão vindo depois, provi-

*Publicado originalmente na revista *Estudos de cinema* (nº 3, PUC de São Paulo, Educ/Fapesp, 2000), revisto e muito modificado para este livro.

58. Cf. *Un oficio del siglo veinte*, por G. Caín. Selección, notas, prólogo y epílogo de Guillermo Cabrera Infante. La Habana: Ediciones R, 1963.

59. Cf. G. Cabrera Infante. "El bacilo de Hitchcock". Em *Arcadia todas las noches*. Barcelona-Caracas-México: Seix Barral, 1978, pp. 59-83.

dências de resto inúteis, pois, uma vez contraída essa enfermidade, de nada adianta nomear o causador. O mal é sem remédio; apenas se pode tentar entender como se instala no frágil organismo do espectador, exposto, na sala escura, às inesperadas patinhas do bacilo: formigamentos nas cadeiras, comichões do medo e da surpresa, ardores gelados da emoção.

Durante muito tempo, de fato se pensou que Alfred Hitchcock, o mago do suspense, atuasse única e comercialmente por meio de artimanhas. Mais tarde, sobretudo depois das entrevistas e do livro de Truffaut, que de tudo aumentava um ponto, se viu que não, que havia metafísica além das mãos do prestidigitador e era preciso levá-lo a sério, considerá-lo nos termos da arte. É o tratamento a sério, ainda quando possam ser terrivelmente cômicos o procedimento e o efeito dessa arte fatal, que as linhas seguintes buscam em vão esclarecer, ao menos para alívio momentâneo dos pacientes.

Talvez o maior esforço artístico de Hitchcock em seus filmes tenha sido o de dar forma coerente ao terrível por meios cômicos ou rebaixados, abrindo uma ducha de água fria (que no caso soltava vapores quentes) sobre a mais hedionda das imagens, a do assassinato a sangue-frio: o corpo nu e indefeso, esfaqueado, ferido de morte, em queda atabalhoada, em recortes, até o chão, a reles banheira, e o sangue esvaindo de mistura com a água em rodopio rumo ao ralo. O desfazimento de tudo em nada, escorrendo olho adentro.

O olho, posto embaixo, mais abaixo mesmo do que o corpo degradado, atua como sorvedouro dos humores, puxando o resto pelos cabelos para o redemoinho. Indicia assim a atitude de um artista moderno de infalível ironia e espírito paródico, que tem por princípio técnico o desmanche de toda seriedade elevada. Sem perder de vista o caráter problemático da existência moderna e sem abdicar de heranças de sua formação cristã, a verdade é que as alturas parecem provocar-lhe (e a algum personagem seu) a vertigem e não perde o pé do chão material. Afia as garras no atrito com os fatos, mas, com *sense of humour* e as boas maneiras de um empirista inglês diante de um cadáver insolúvel, se dispõe a contemplar sempre, mudo, hierático e impávido, o mal metafísico escoando-se pelo buraco do ralo.

O ralo é ao mesmo tempo olho; noutro filme, o ouvido é labirinto e de novo vertigem do olhar, ou ainda o próprio olhar é a câmera-olho. No limite, seu cinema exprime simbolicamente, por metáforas recorrentes, a volúpia com que encara a si mesmo e os movimentos profundos do desejo ao se entregar à sua forma de sabedoria: a de como destruir com arte.

O assassinato se converte aqui no mais aparentemente simples, na arte de contar bem uma história; mas essa será sempre também a mais difícil e desafiadora: a de como construir um enredo coerente e plausível com a mistura de materiais múltiplos e disparatados que se juntam num crime e na vida de todo dia. A sabedoria fundamental de Hitchcock consiste em saber construir a destruição.

ATRÁS DA RAPOSA: A CONSTRUÇÃO DO ENREDO

Em termos técnicos, o problema é o da construção do enredo. Como dar forma artística, o que supõe uma organização articulada e coerente, à matéria dispersa e heterogênea que pode estar implicada na violência extrema do assassinato. Nada melhor para compreendê-lo do que ver de perto um dos melhores filmes da sua fase final, *Frenzy*, de 1972, quando voltou a filmar pela última vez na Inglaterra, de algum modo retomando os passos iniciais de sua carreira.

O título guarda alguma reminiscência da palavra francesa

frénésie, com que se designa, conforme se sabe, um estado mental violento, beirando o delírio ou a loucura, e essa ideia ou perturbação da ideia se alastra pelos fios da trama, desdobrando-se, como se vai ver, até o paroxismo. Do termo francês procede o inglês (assim como o nosso *frenesi*), e a narrativa mantém o eco o tempo todo, utilizando, com humor, várias expressões francesas referentes à paixão amorosa e à culinária: uma *soupe de poisson* jamais concebida; um *crime de passion* depois de dez anos de casamento; uma pobre *caille aux raisins* ressequida no deserto do prato; incomíveis *pieds de porc à la mode de Caen*; um impensável *caneton aux cerises* como triste recompensa de um erro judiciário. Tudo grotescamente misturado na matéria de que trata o filme, ou seja, a série de crimes brutais de um estrangulador de mulheres — em geral mulheres feias ou, pelo menos, vistas pelo ângulo maldoso de um irônico mau gosto. Série que se multiplica, num crescendo de terror que apavora Londres (e os espectadores do mundo todo), em meio a hortaliças, flores, frutas, legumes, cereais e sobretudo batatas, do grande mercado de Covent Garden, a tradicional, elegante praça da Royal Opera House e antigo jardim da Abadia de Westminster.

Pode-se imaginar a irritação da maior parte dos resenhistas ingleses que se ocuparam do filme na época. Mas Hitch não deixou por menos e, nessa estocada mortal no estômago, como que evocava numa Londres radiosa, sem o *fog* de outrora, o fantasma persistente de seu primeiro *serial killer*, Jack, o Estripador. Dele tratou no seu primeiro filme importante, *The Lodger* [*O inquilino*] (1926), e o menciona de novo pela voz de uma das mulheres na cena por assim dizer ecológica do início de *Frenzy*, em que um grupo reunido à margem do Tâmisa celebra a despoluição das águas do rio e inaugura, a contragosto, o primeiro cadáver do filme, boiando em pelo a céu aberto, com o solitário adereço de uma gravata no pescoço.

Nos filmes da fase inglesa do começo — por vezes filmes tão bons como *The 39 Steps* [*Os 39 degraus*] (1935) ou o delicioso *The Lady Vanishes* [*A dama oculta*] (1938) —, já se notava a tentativa de casamento da intriga de espionagem ou de crime com a comicidade e o humor, mas nunca talvez de forma completamente resolvida, do ponto de vista artístico, ao longo de toda a narrativa. Creio que *Frenzy* consegue isso de modo orgânico, integrando perfeitamente o macabro e o cômico na tessitura mesma do enredo, com articulação precisa de materiais muito mesclados e heterogêneos, mas com um admirável domínio de tudo, mão leve, mesmo lidando com assunto mais grosseiro ou pesado, e a acabada maestria de um artista no melhor de sua força.

Anteriormente, em *O terceiro tiro* (*The Trouble with Harry*, 1955), que é mais um passo importante em sua filmografia, havia trabalhado e muito bem no mesmo sentido, elaborando motivos centrais semelhantes aos desse caso, com quiproquós parecidos, entrando pelo humor negro surrealista, às voltas com um insólito cadáver recorrente de que seus personagens não conseguem se livrar. Mas não era, com certeza, a inexcedível sequência do cadáver no saco de batatas desse filme, admiravelmente articulada com as necessidades intrínsecas ao desenvolvimento do enredo. Ficavam perceptíveis as dificuldades de articulação formal de tanta matéria desencontrada, de modo que o desequilíbrio pelo lado do disparate cômico levava a melhor e acabava minando a força do elemento terrível que ele manipulava, mas lhe escapava das mãos descaracterizado e esvaziado de força expressiva, reduzindo o caráter problemático do que estava sendo apresentado.

Mesmo ao lidar com os temas sérios e problemáticos, herdados, em sua fase inicial, do cinema expressionista alemão ou de sua formação católica e jesuítica — a culpa, o homem errado, a destinação trágica, muitas vezes associados a questões da psicanálise —, não é raro que busque a combinação dos materiais diversos por uma chave paródica e de efeito humorístico ou cômico. E sempre demonstra ousadia no enfrentamento dos problemas, uma consciência aguda do ofício e dos meios concretos de construção do entrecho.

Em 1955, numa entrevista ao jornal *Le Monde*, trata diretamente da questão de como organizar os materiais tão diferentes com que trabalhava num todo coerente, revelando uma consciência clara do que significa a técnica e de seu lugar no desenvolvimento dos temas e da construção da história. Diz, por exemplo, a certa altura: "Não quero que a intriga siga a técnica. Eu adapto a técnica à intriga. Um belo ângulo de tomada de cena pode causar um efeito que satisfaça o operador-chefe, ou mesmo o diretor. Mas a questão é saber se, dramaticamente, esse plano é a melhor maneira de contar a história".[60]

A questão de que a técnica deva estar a serviço do enredo é certamente ainda uma das heranças da velha *Poética* de Aristóteles — em sentido lato, para nossa tradição, também a reflexão básica sobre a arte da narrativa — e supõe a ideia da unidade do todo. Essa questão está presente quase sempre no trabalho de construção de Hitchcock, e a coerência orgânica que dela deriva explica muito da qualidade estética dos filmes do diretor e as descobertas de significados latentes que a crítica, no início sobretudo a francesa, começou a fazer em torno dele a partir dos anos 1950 e 60.

Nesse sentido, uma das noções mais caras à verdadeira poética da narrativa cinematográfica que Hitchcock desenvolveu na prática e, de modo explícito, nos inúmeros artigos e entrevistas[61] em que tratou dos problemas de construção formal de seus filmes é de que o todo do enredo resulta de uma depuração, a que só in-

60. Apud Jean Tulard. *Dictionnaire du cinéma*. Paris: Laffont, 1982, p. 383.
61. Ver, por exemplo, a coletânea organizada por Sidney Gottlieb. *Hitchcock por Hitchcock*. Trad. Vera Lúcia Sodré. Rio de Janeiro: Imago, 1998.

teressa o elemento realmente dramático. Como gostava de repetir, o drama é a vida desvencilhada dos momentos de tédio.

Do ponto de vista teórico, isso significa que o drama é um todo altamente concentrado, ou, em termos mais abstratos, uma espécie de totalidade intensiva, redução extraída e descarnada da existência, cujos elementos heterogêneos e misturados, que fazem parte das mais diferentes esferas da realidade e podem de repente ser acionados pelo enredo, só devem nele entrar se de fato se vincularem coesamente ao núcleo dramático. O sentido do suspense, tão importante para ele, que o transformou num meio poderoso de manipulação da plateia, depende ainda desse senso agudo do drama, exatamente do tratamento do tempo em que os fatos narrados ocorrem, uma vez que o suspense é aquele tempo dramaticamente parado no desenrolar da ação, o retardamento agônico do ritmo do enredo, quando toda potencialidade é freada no curso de sua concretização, para desespero e prazer do público, agarrado pelas costas no limiar do terror.

A agressividade latente e tantas vezes explícita que é inerente a essa concepção do enredo se traduz com exatidão no termo que Hitchcock muitas vezes adotou para definir o núcleo dramático dos seus filmes: a caçada. Toma a palavra no sentido estrito, como no da caça à raposa segundo a melhor tradição inglesa, mas vai até as múltiplas formas da perseguição ou da busca, como nos filmes policiais ou de espionagem. Sabe-se como a busca é essencial a toda narrativa, em que sempre alguém busca outra pessoa ou alguma coisa, e Hitchcock nunca parece perder de vista esse movimento do desejo rumo a um objeto esquivo. A todo momento, em seus textos, a caçada é a metáfora sempre desdobrável para designar a perseguição que o desejo, mola do enredo, põe em movimento.

É curioso observá-lo falar a propósito, desdobrando as potencialidades do termo e do esquema persecutório, mesmo com relação aos argumentos mais abstratos e de difícil redução simplificadora: "Eu diria que certamente há uma caçada em *Hamlet*, porque Hamlet é um detetive".[62] Numa direção oposta, a verdadeira caçada para ele pode não ser a que se identifica à primeira vista; ao contrário, pode implicar não só equívocos e quiproquós desnorteantes, mas, ainda mais, pode ser um fator de aumento da complexidade quando, lembrando novamente Aristóteles e seus enredos simples e complexos, ela se mistura a outras, muda de alvo ou se multiplica em caminhos labirínticos.

Em *Psicose* (1960), a que já se aludiu, uma ladra em fuga entra por um desvio e vai dar em outra história; escapando da perseguição policial, a fugitiva vira objeto de um ataque macabro e sangrento. Em *Marnie, as confissões de uma ladra* (1964), vemos a própria caça à raposa como o coração simbólico a que tudo aflui e de que tudo se irradia; no meio dela, a bela caçadora é que se torna a presa perseguida, ao mesmo tempo que persegue sem saber um esquivo objeto interior, perdido nas dobras do passado que a atormenta. Em *Pacto sinistro* (*Strangers on a Train*, 1951) surgem de repente caçadas entrecruzadas, sugeridas no entanto, com ironia, por sequências de metonímias aparentemente casuais: os trilhos e os passos na estação ferroviária com que se abre o filme. Sapatos e trilhas que se emaranham, anunciando as direções também intrincadas da trama que se desenvolverá ferreamente até o fim. Nosso Vinicius de Moraes, quando crítico de cinema,[63] chegou a falar em labirintos simultâneos para apontar o modo de construção do filme.

Drama e caçada se juntam, portanto, no miolo da poética

62. Cf. "A essência do cinema — a caçada". Uma entrevista com David Brady. Em S. Gottlieb (org.), op. cit., p. 154.

63. Cf. *O cinema de meus olhos*. Org. Carlos Augusto Calil. São Paulo: Cinemateca Brasileira/Companhia das Letras, 1991, pp. 125-6.

narrativa de Hitchcock, por vezes sugerindo, como no último exemplo, que uma perseguição artificialmente tramada logo se desenvolverá como drama inevitável. Hitchcock sublinha muitas vezes e de diversos modos o caráter arbitrário da ficção, repetindo no cinema o sentimento arraigado na modernidade daquela arbitrariedade que Paul Valéry teria tomado como impedimento para que pudesse escrever uma frase do tipo "A marquesa saiu às cinco horas". Em vários filmes de Hitch, o enredo se arma a partir de uma situação de todo artificial e arbitrária que se instala de repente, à qual se segue, no entanto, uma trama implacável e em geral violenta. Por si mesma, a colocação de uma situação de artifício e arbitrariedade já é um convite para uma saída terrível ou cômica, ou ainda para a combinação de ambas. Recorde-se, mais uma vez, a proposta dos crimes cruzados que um estranho faz ao tenista famoso em *Strangers on a Train*; com certeza, ela retoma a arbitrariedade das imagens iniciais dos passos e trilhos enredados, aparentemente aleatórias a princípio, mas já necessárias a partir daí, como prenúncio do drama. Além e por causa disso, se percebe que o próprio título em inglês vai na mesma direção, ao passo que sua tradução em português marca a conversão do arbítrio em pacto, pois a proposta é levada a sério pelo proponente, desencadeando as consequências funestas.

Dessa forma Hitchcock permite pensar, pela necessidade férrea dominante em seus enredos a partir de uma situação de arbítrio inicial, que nos próprios fundamentos de sua construção implacável já está contida a raiz do terrível, ou seja, o fundo trágico a que os quiproquós e desencontros do emaranhado destino humano muitas vezes contrabalançam com saídas cômicas. Daí a complexa mistura que decerto o gordinho sério, mas irônico, assinava com a própria presença.

Ao fazer parte de suas histórias com naturalidade, intrometendo-se no espaço da tela, mesclava a vida à arte, explicitando o próprio artifício, preso porém ao drama, com sua mescla tragicômica: como quando busca meter trem adentro nada menos que um rabecão, na plataforma de partida do filme em foco. É que a mistura lhe deveria parecer conatural à própria vida, da qual procurava extrair com método justo — todo pedaço de filme usado tem de ter uma finalidade —, mas também com certa folga, a forma da imitação artística, após ter dado cabo do tédio nosso de cada dia.

O CORPO ESTRANHO

Caçada e drama voltam a se reunir em *Frenzy*, que pode ser analisado como um verdadeiro modelo do método de trabalho de Hitchcock e de sua sabedoria destrutiva.

Para efeito de análise, convém recortar algumas sequências significativas e trocá-las em miúdo, mas no caso, antes de mais nada, é preciso começar pelo começo, isto é, pelo nó. É sabido que na teoria de Aristóteles, que já vai virando aqui o cadáver de que ninguém consegue se livrar, o nó, a que corresponde o desenlace final, é aquela parte da tragédia que vai desde o princípio até a mudança da fortuna, quando se dá propriamente o início do desenrolar da ação, de modo que nele podem entrar alguns fatos fora da ação e outros que já são partes efetivas dela.

No filme, a história começa literalmente por um nó, um nó de gravata. Para chegar até ele, é preciso passar por uma majestosa *ouverture*. Desde a década de 1930, Hitchcock havia refletido sobre o papel da música no cinema, sobretudo como criação de atmosfera e fator de excitação dos espectadores. E aqui a coloca desde logo a serviço da sugestão, criando um clima de elevação e arrebatamento que nos envolve de imediato. É que faz acompanhar um longo e magnífico *travelling*, vindo do céu por sobre as águas do Tâmisa, de uma solene música sinfônica, cujas notas sublimes, entre o marcial e o imperial, preparam o espírito para o que vem.

Sob o azul absoluto do céu, a câmera navega em sobrevoo ao longo do rio, sempre do alto, até que então começa a descer, enquadra e passa debaixo da ponte de Londres de alças erguidas, arrastando-nos com ela nessa visão de cima, por sobre as águas — uma chalupa cruza de súbito, cortando com sua fumaça negra, por um segundo, o azul esplêndido do dia —, mas ainda de cima a câmera toma a beira do rio e, aos poucos, vai enfocando um grupo de pessoas ali reunidas para ouvir um homem que discursa e agora já vai ficando próximo de nós, próximo até certo ponto, pois que discursa em tom solene, por sobre a cabeça dos que o escutam, com o esmerado sotaque de quem faz jus ao título de *Sir*. Sua oração, em meio a termos elevados e flores da retórica, passa pelo poeta Wordsworth (e decerto pela lembrança do soneto sobre a ponte de Westminster), pela visão idílica das margens de outrora, as plantas silvestres, as gaivotas, as trutas saltitantes, prometendo para um futuro imediato, com o apoio das autoridades locais, águas limpas, completamente limpas de dejetos, de toda poluição industrial, de qualquer corpo estranho. E então um homem grita de susto à vista do cadáver intrometido de uma mulher nua; já tínhamos aportado ao nível comum das pessoas aglomeradas — autoridades de colar, repórteres com câmeras, meros ouvintes e, entre eles, sisudo, de chapeuzinho coco, Hitch de corpo e alma. E todos se debruçam para ver a morta sendo recolhida das águas, mais uma vítima do assassino da gravata: o chapeuzinho recobre entre os curiosos a figura do diretor.

Ainda uma vez aqui, fica evidente que a assinatura — a aparição do autor como figurante inesperado dentro da obra — vai muito além da brincadeira e da piscadela de cumplicidade irônica para os espectadores. Representa, na verdade, o modo, ainda mais irônico, que ele encontrou de se ver na posição do outro, de situar-se no mesmo nível de seus personagens, como se pudesse muito bem ser um deles, colocando-se em pé de igualdade com o objeto da caçada que a câmera vai empreender, aberto à possibilidade eventual de se tornar um alvo filmado por sua própria equipe.

Suas breves aparições vão, portanto, no mesmo rumo de uma de suas tendências estilísticas mais características, que é a do tratamento subjetivo, um modo de narrar que se confunde com a visão do personagem, apanhado em close junto com o que está vendo: o tratamento dominante em *Janela indiscreta* (*Rear Window*, 1954), mas repetido por momentos em muitos dos seus filmes, fazendo a câmera neutra embeber-se na subjetividade de quem está em foco, com uma maleabilidade que lembra a do estilo indireto livre na prosa de ficção e pode provocar cenas surpreendentes como a do crime na ilhota do parque de diversões de *Pacto sinistro*, visto pelas lentes dos óculos da vítima que tomba nas garras do assassino, interpretado pelo inesquecível Robert Walker. Ou então a beleza pasmada de Tippi Hedren, cujo encanto secreto se deixa violar no momento em que o sexo é susto, e seu rosto em pânico catalisa e expia o pavor de todos diante do jorro de pássaros na sala de *The Birds* (*Os pássaros*, 1963), o mais misterioso e um dos melhores filmes do diretor.

Por outro lado, o procedimento não é nele menos recorrente do que o tema obsedante da identidade, sobretudo na variante do homem errado ou do perseguido por equívoco, ao qual se pode ironicamente vincular, como é o caso nesse filme, conforme se vai ver mais adiante. Nesse sentido, trata-se, na verdade, de um procedimento de rebaixamento irônico da visão da realidade e acompanha coerentemente o movimento da câmera para a desconstrução da paisagem idílica do discurso cerimonioso a que vai proceder em seguida, com a emergência do corpo nu da mulher morta, ornado simplesmente com a gravata fatal.

A passagem repentina do elevado e majestoso para o mais baixo, para o nível corporal, atua com força paródica, com algo de cômico mesclado ao terror, invertendo o sentido da contemplação sublime pelo que boia nas ondas sinistras do rio, fazendo-nos recordar, em ecos contrastantes, os versos célebres de Wordsworth:

A sight so touching in its majesty:
This City now doth, like a garment, wear
The beauty of the morning: silent, bare
Ships [...]

Assim, o movimento de abertura do filme, se pensamos na trajetória do *travelling* do alto para o baixo, do sublime para o qual aponta o discurso até o corpo flutuante, pode nos dar uma ideia do poder de destruição da arte de Hitch: é por meio dela que puxa para baixo o olhar do espectador em direção ao corpo com gravata, a que vai enlaçar o desenvolvimento do enredo.

O NÓ DA GRAVATA

Em corte abrupto, diante do espelho, Richard Blaney dá o nó na gravata. Deve ser de manhã, Dick está em seu quarto, ao que parece preparando-se para o trabalho, e é pego pelo laço da gravata, que sem que ele saiba, contra a sua vontade, o prenderá ao crime da sequência anterior, ele que nada deve e, duplicado diante do espelho, contempla já a face que pertence a outro. O enlace estilístico entre as duas sequências narrativas desemboca numa peripécia, a reviravolta do destino que coloca Dick Blaney na sina do homem errado, cujos passos vamos seguir.

O laço que serve de instrumento de morte e vale como alusão ao estrangulador desconhecido (indiretamente também remete a

Jack, o Estripador) aciona o personagem que vai entrar na história e funciona como uma ligadura arbitrária entre fatos e circunstâncias muito diferentes. Nessa laçada, realmente se laça pelo pescoço um personagem que nada tem a ver com a mulher morta no rio, criando-se o equívoco cujos desdobramentos trágicos ou cômicos devemos acompanhar.

De fato a situação arbitrária que Dick passa a viver, ironicamente sem saber de nada, instaura uma necessidade de desenvolvimento que o enredo vai desenrolar de forma cega e séria. À violência do crime que resultou no cadáver flutuante vem se somar uma violência formal, uma vez que se coloca à força na história alguém que nada tinha a ver com ela, mas que sofrerá as consequências dessa entrada: instala-se um corpo estranho, intrometido em paralelo como o cadáver do rio, aumentando *a posteriori* a graça irônica do autor intruso, que atuava como um comentador sardônico do disparate inicial.

Pego pelo pescoço e forçado a entrar na história, a situação vivida por Dick Blaney é a da ironia dramática própria do teatro — certamente Hitchcock não dispensou essa fonte tão importante —, em que o personagem ignora a real implicação da teia em que caiu e vive às cegas seu destino implacável. Mas ele não é um personagem elevado de tragédia clássica. É apenas um decaído herói de guerra. A câmera acompanhará seus passos erradios e atrapalhados no nível da rua e da vida banal de todo dia.

Com efeito, saindo do quarto, Dick desce a escada para o bar onde trabalha, e começam suas atribulações; o ex-líder de um esquadrão da RAF é acusado pelo patrão de tomar às escondidas, sem pagar, a bebida que deveria vender. Na altercação, vem em seu socorro a namorada e companheira de emprego, o que só acirra a zanga do dono do bar, que disputa a garçonete com ele; acaba mesmo despedido, saindo furioso para a rua, depois de ter atirado contra o patrão moedas do caixa e as dez libras do salário adiantado. Na porta ainda conversa com a namorada, preocupada com o seu futuro e a falta de dinheiro, mas logo se vai, com o patrão vociferando que ali é Covent Garden, e não o jardim do amor; ao sair, passa ao lado de uma tabuleta com o anúncio da manchete do jornal sobre o assassino da gravata. Ao dobrar a esquina, a câmera sobe novamente e só do alto o acompanhamos em sua breve caminhada até o grande mercado, aonde, já de perto, o vemos chegar, em meio a hortaliças e legumes, até a presença de Bob Rusk, o estrangulador (fato para nós desconhecido a essa altura), que tem ali uma banca de frutas.

Essa sequência do nó da gravata, do bar até o mercado, recontada assim até o detalhe, torna evidente a funcionalidade de todo esse trecho do filme para a caracterização de Dick Blaney, cujo temperamento explosivo fica perceptível desde logo e depois, patente, quando pisa as uvas que ganha do "tio" Bob, pronto sempre, segundo diz, a toda ajuda, ou quando quebra nas mãos o copo de *brandy* no jantar com a ex-esposa, que também tenta de algum modo protegê-lo. Tudo isso demonstra que o ex-herói rebaixado guarda ainda a tendência ao descomedimento, como se fosse um personagem de tragédia grega destinado à catástrofe.

Nos termos de Hitchcock, porém, o registro do descomedimento está deslocado para mais perto de nós, e o comportamento desse seu anti-herói traz realmente a marca do frenesi, fornecendo aos demais, pelas aparências, a verossimilhança do erro e a motivação necessária para o crime. Abre assim a brecha para o seu próprio desastre pessoal, como se ele mesmo fosse conivente com a história que lhe querem impingir. Conforme a crítica francesa que primeiro viu a complexidade de Hitchcock, como a de Claude Chabrol e Eric Rohmer, apoiados sobretudo em filmes como *I Confess* (*A tortura do silêncio*, 1953) e *The Wrong Man* (*O homem errado*, 1957), talvez se pudesse dizer, em termos metafísicos, que de novo aqui o personagem parece participar ao mesmo tempo da inocência e da culpabilidade, assumindo o destino da culpa inexplicável que lhe toca viver, ironicamente apoiada no seu modo de ser e nas circunstâncias que o rodeiam e determinam os seus passos. Mas a verdade é que essa seriedade fatal que o inculpa em sua mesma inocência é contrabalançada por outras circunstâncias que o desenvolvimento do enredo vai trazer. Apesar de trabalhar no sentido de sua própria autodestruição, Dick Blaney acabará provando sua inocência *malgré soi-même* quando, coerentemente, se desatar o nó que o mantém prisioneiro do que não fez. Essa solução será, num certo sentido, cômica, mas estará baseada em sólidos elementos de construção ao longo de todo o filme.

Mas além dessa motivação involuntária do personagem para caber no papel do homem errado e sofrer suas desgraças, o decisivo da passagem descrita é o movimento da câmera, casado ao deslocamento que rebaixa o herói ao seu lugar decaído (e o aproxima da esfera da comicidade). Ela sobe de novo, numa virada de esquina, para descer de uma vez à esfera do mundo material representado pelo mercado, pelos negócios dos atacadistas e pelo universo da vida material e da comida, a que está umbilicalmente ligado o assassino com seus crimes sexuais, como se fosse um produto singular, grotesco e terrível num jardim — sua mãe horrorosa, parecida com ele, procede também, conforme dirá, de Kent, "jardim da Inglaterra" —, esse aparente paraíso numa pacata e elegante praça de Londres.

Desse modo, o movimento da câmera liga o ser erradio ao destino do homem culpado pelo que não fez, mas ao mesmo tempo estabelece uma poderosa rede significativa entre o corpo, o assassinato e a vida material. Nela, o laço da gravata se transforma numa imagem metonímica, enlaçando aspectos conjugados de um mesmo universo simbólico, valendo como parte de ligação com um todo muito maior em que o corpo estranho se casa ao baixo corporal, articulando esferas variadas e heterogêneas como a alimentação, os negócios, o sexo e o assassinato num mesmo complexo de relações, que o filme explorará até o fim, como se tratasse de um sistema articulado de metonímias afins, extraídas das esferas contíguas, misturadas no contexto comum em que ocorrem os crimes. E assim o artifício de um nó — através de pontes imagéticas entre o corpo, a comida, o sexo e o crime (sem falar no casamento, também motivo conjugado) — cria uma necessidade férrea de desenvolvimento, até o desenlace ainda uma vez vinculado à gravata, como se verá.

Em síntese, na construção do filme, feita com o maior rigor e a maior coerência, o nó da gravata não será apenas o instrumento mortal das pobres vítimas indefesas, mas um elemento decisivo de amarração interna do enredo enquanto forma artística.

O ALFINETE

A reiterada coerência que se arma com os movimentos da câmera do alto para o baixo, rumo à vida material, está articulada, portanto, com a cadeia de metonímias, o que permite que detalhes possam remeter, a cada passo, ao todo que se vai formando. Dentre esses detalhes, um dos mais significativos é o alfinete de gravata, que vai desempenhar um papel decisivo na caracterização do estrangulador e no desenrolar da trama.

A primeira vez que aparece (e só nos lembramos disso retrospectivamente) é no encontro entre Bob Rusk, o assassino, e o desavisado Dick Blaney, quando no início este o procura no mercado. O alfinete de gosto duvidoso traz, em brilhantes, a inicial R do sobrenome do dono e surge preso à gravata. Compõe, com o terno de riscas brancas, os modos maneiros e a fala entre benevolente e paternal de Bob para com o amigo em dificuldades, a pretensão de elegância e distinção com que recobre o fundo de vulgaridade, grosseria e violência mal contida que o caracterizam e parecem querer explodir quando trata do assunto namoradas. No final da cena com o amigo, quando chega o guarda da Scotland Yard, em meio a piadas e sempre comendo alguma coisa, esboça o gesto de puxar o alfinete para palitar os dentes. Mais tarde, na sequência do assassinato de Brenda Blaney, cuja culpa recairá sobre o ex-marido Dick, Bob livra a gravata do alfinete, cravando-o na lapela do paletó, onde ele fica brilhando, enquanto estrangula com a gravata a pobre mulher, depois da violenta tentativa de estupro; por fim, ainda resfolegante, come a maçã que sobrou do lanche da vítima, rouba-lhe o dinheiro da bolsa e sai palitando os dentes com o malfadado alfinete.

Essa simples peça do vestuário, ao compor a caracterização física do personagem, serve também como índice de revelação psicológica da profunda dissociação que marca sua personalidade, acentuada em vários momentos pela dissimetria do olhar, pelos sestros e ocultamentos. Na verdade, o pequeno objeto revela a duplicidade de um comportamento rebuçado de engodos, acabando por espelhar, com sua ambivalência e falso brilho, o disfarce de um terrível assassino que mata e sai palitando os dentes. Ou seja, liga-se à verdadeira identidade do assassino, cuja inicial do nome traz no cabo.

Mas é, sem dúvida, um índice irônico, pois através dele se revela a fratura entre a aparência e a realidade, ao mesmo tempo que por ele se ligam o alto e o baixo, a pretensão elevada e a baixeza, mantendo-se no detalhe a linha da coerência trabalhada desde o início da narrativa. Ao resumir tantos elementos dispersos, ganha dimensão simbólica e torna ainda mais forte a ironia, pois se trata de fazer uma coisa em si mesma insignificante virar um poderoso catalisador de significados.

Com efeito, o que lhe confere maior significação e força simbólica é que permite ver o assassino fundido ao contexto múltiplo, à realidade material misturada à qual se liga umbilicalmente. Esse pequeno detalhe magnetiza diversos campos semânticos contíguos — do modo de ser, do ambiente do mercado, dos produtos para alimentação e da comida, da sexualidade, do casamento, do crime, da violência —, articulando-os numa síntese única. Por concentrar, enquanto detalhe concreto, assim como a gravata, a que está ligado, as determinações de contextos variados e heterogêneos é que dele se irradia o halo simbólico. Por isso mesmo, agarrado pelo cadáver escondido no saco de batatas, transportará consigo a ameaça de revelação da identidade do assassino e voltará com uma função decisiva no desenvolvimento da ação, na sequência mais impressionante do filme.

Mas, depois de algumas alfinetadas, é preciso algum suspense.

O SUSPENSE E O TERROR

O estupro e o assassinato de Brenda Blaney são das coisas mais terríveis do filme (e com certeza do cinema sério). Feito em 1972, com o abrandamento da censura, Hitchcock pôde mostrar o que em geral não mostrava, como se nota pelas cenas de nudez, mais numerosas que de costume em seu cinema. Desde o princípio de sua carreira, o diretor trabalhou com a matéria-prima do medo e, em artigos e conferências, expôs diversas vezes o que pensava sobre isso, manifestando alto grau de consciência não só do ofício como sempre, mas também do comportamento da plateia e das formas de manipulá-la por um cinema concebido como forma de excitação intelectual e emocional, como uma espécie de máquina de provocar emoções. E decerto o medo é o ingrediente primordial de seus dramas e caçadas, pois, se de um lado, entre outras coisas, quer arrancar gritos de terror e prazer com as imagens da tela, não tira o olho do comportamento do público e do mercado (não exatamente aqui o de Covent Garden).

O suspense é um meio de tentear o espectador, fazendo-o ter faniquitos frenéticos, aterrado, mas sentindo-se seguro, sabendo que o que vai acontecer nunca vai acontecer de uma vez: trata-se de algo terrível trocado em miúdos e atenuado pelo aviso prévio. Hitchcock distingue-o do terror, que se instala de imediato para a surpresa do espectador, com um exemplo tirado de sua experiência da guerra:

> A bomba voadora fazia o barulho de um motor de popa, e o ruído no ar acima da gente servia como aviso de sua chegada iminente. Quando o motor parava, a bomba começava a cair e muito em breve explodiria. Os momentos entre o instante em que o motor começava a ser ouvido e sua explosão final eram momentos de *suspense*. A V-2, por sua vez, não fazia barulho até o momento da explosão. Qualquer um que tenha ouvido uma V-2 explodir e continuou vivo experimentou o *terror*.[64]

Opondo de modo dilemático as duas formas do medo, Hitchcock tende a reduzir as cenas de terror e expandir as de suspense, mais divertido no seu crescendo até o clímax e mais fácil na manipulação da plateia, mas não raro tentou a combinação dos opostos, como se na montanha-russa do enredo o público perdesse a garantia implícita do pacto com o suspense — a certeza de que aquela curva fechada e medonha pode mesmo ser vencida — e se visse de súbito frente a frente com o terror do inevitável despencamento. Ele próprio relata a quebra da regra que impede a combinação direta entre suspense e terror, entre o aviso prévio e a surpresa, em *Sabotage* (*Sabotagem/O marido era o culpado*, 1936):

64. Cf. "O prazer do medo", em S. Gottlieb (org.), op. cit., p.146.

> Um dos personagens era um garotinho, por quem a plateia foi encorajada a se apaixonar. Fiz o garoto ir andando por Londres com o que ele pensava ser uma lata de filme debaixo do braço, mas a plateia sabia que se tratava de uma bomba-relógio. Nessas circunstâncias, o garoto deveria estar protegido da explosão prematura da bomba por seu manto de proteção. O fato é que eu o mandei pelos ares de qualquer jeito, juntamente com diversos outros passageiros de um ônibus que ele havia tomado.[65]

Em *Frenzy*, o estupro seguido de homicídio no caso de Brenda Blaney é de novo uma afronta à regra, pois é anunciado e preparado em cada pormenor pelo que vem antes, desenvolvendo-se num crescendo, mas com brutalidade e calma, aos poucos, metodicamente, com os gestos repetidos de um ritual, e se cumpre de fato, contra toda expectativa, à vista do espectador.

A cada instante, o violador, depois de encantoar, agarrar, manusear, derrubar, espancar a vítima e rasgar-lhe as roupas, vai repetindo a palavra *lovely*, numa gradação climática que lembra uma litania, acompanhando o ato da violação, ao que parece fracassa sexualmente antes do tempo, e num átimo a mulher percebe o malogro visível no rosto desfigurado e caído e, temendo desde sempre o pior, batida depois de resistir o quanto pôde, já entregue diante da violência do mais forte, busca em vão refúgio numa oração bíblica contra o "medo do terror da noite", "as surpresas desagradáveis do dia", "a peste que caminha no escuro", "a destruição que campeia ao meio-dia".

Desde o momento em que ouve do assassino "Você é meu tipo de mulher", Brenda sabe que vai morrer. Os atos e falas que criam o suspense da violação e a final aquiescência que demonstra diante do pior, nada a redimirá do terror da noite e da destruição.

65. Idem, ibidem, pp. 148-9.

E, como se não bastasse a violência anterior, o violador impotente se volta para a vingança e tira a gravata fatídica. Segue-se o estrangulamento, de novo com insistência e esforço, parece difícil matar, o laço cada vez mais apertado, a agonia rouca, os estertores, só os olhos esbugalhados, a morte estampando-se no rosto, parado então em primeiro plano; por fim, mais uma tomada a distância, e a imagem tragicômica da vítima com os olhos esbugalhados, a língua de fora, torta no canto da boca. Depois, há ainda o desplante da maçã, do furto, do alfinete nos dentes.

A descoberta do corpo se fará com o retorno ao suspense, quase como um respiro catártico após o sufoco. A senhorita Barling, ridiculamente espremida entre o moralismo e a curiosidade mórbida, de volta do almoço, surpreende Dick saindo do prédio da agência de matrimônio de Brenda, onde ele estivera anteriormente e agora deu com a porta fechada (sem que ela saiba), logo depois da saída do verdadeiro assassino. Miss Barling entra no edifício, mas a câmera não a acompanha, fixando a ruela silenciosa e solitária, de paredes nuas, marcadas apenas pelas setas da direção a seguir; um minuto de silêncio, da direção oposta à das setas vem o ruído de saltos e vozes, surgem duas moças que vão cruzar a entrada do prédio, e então o grito de pavor.

Mesmo essa sequência apavorante de imagens de violência e medo não escapa ao senso paródico, ao espírito lúdico e satírico do diretor, que introduz elementos de comicidade ainda nos instantes de maior terror, como se vê gravado na careta final da morta. Hitchcock, que criticou muitas vezes os filmes ingleses afetos apenas ao tom monocórdio do drama ou da comédia, chamando-os de "indigestos", percebe sempre o quanto a mescla estilística pode gerar de efeito dramático e tira enorme partido disso. Nos momentos cruciais das cenas descritas acima, o assassino transfigurado, desgarrando-se de si mesmo, parece elevar-se, paradoxalmente, com sua insólita litania, à imagem de um sacrificador sagrado, embora na subida perca as forças e torne acabrunhado a decair, de volta à crassa materialidade de que proveio, e sua saída, levando o pedaço de maçã no bolso e palitando os dentes, não deixa dúvidas quanto ao pesado lastro de vulgaridade e grosseria que arrasta consigo. Já a pobre vítima, subjugada e humilhada, busca em vão, orando, a proteção dos anjos nas alturas, por um momento, no atropelo da luta, alça mesmo a mão errante no vazio, mas acaba desfigurada, reduzida a uma caricatura de si mesma, ao peso morto do corpo.

A ousadia transgressora dessas imagens insufla na cena terrível a difícil poesia do macabro, que lembra ainda o Poe dos começos da aprendizagem de Hitchcock, mas logo o *metteur en scène*, alternando os níveis de estilo, puxa a seriedade para o terra a terra, mediante a paródia cômica. E tudo isso é tão somente uma preparação para o que virá.

AINDA O ALFINETE E, ENFIM, AS BATATAS

O assassinato de Barbara "Babs" Milligan, garçonete do Globe e namorada de Dick Blaney, cujo cadáver o assassino oculta num saco de batatas, é de longe a sequência mais escabrosa do filme e, provavelmente, alguma coisa que Hitchcock não tinha ainda ousado realizar, levando o humor negro a tais extremos. Agora é a hora da fusão mais completa entre o macabro e o cômico.

Ao ser despedida por Forsythe, o dono do bar, Babs, sem ter para onde ir, aceita o convite de Bob Rusk para ficar no apartamento dele e o acompanha, através do mercado, até lá; no fim da escada do sobrado, ao abrir a porta o assassino lhe diz a frase fatal: "Não sei se você sabe, Babs, mas você faz meu tipo de mulher". A porta se fecha, e a câmera executa silenciosamente um *travelling* invertido, recuando devagar escada abaixo, depois pelo hall da entrada até a porta da rua e o ruído fora; um carregador passa com um saco de batatas.

A Scotland Yard já se acha no encalço de Dick Blaney, tomando-o pelo provável culpado do roubo de cinquenta libras e do assassinato da ex-esposa. Isso é o que conta o inspetor Oxford à sua mulher enquanto faz de tudo para não tragar a tenebrosa *soupe de poisson* que tem diante de si. Como explicou de manhã ao sargento Spearman, que o contemplava, algo estupefato, comer com voracidade um pantagruélico *breakfast* no escritório da polícia, o problema era o curso de cozinha continental para *gourmets* frequentado pela mulher. Na hilariante continuação do jantar, a aplicada cozinheira demonstra argúcia detetivesca na conversa com o marido, clareando-lhe as contradições, enquanto prepara na cozinha o seguimento do repasto, de cuja entrada o pobre inspetor tenta ainda se livrar, fazendo voltar à sopeira os hediondos, trêmulos, pedaços de peixe-sapo e de outros semelhantes que lhe infestam o prato, junto com as cabeças de medusa das lulas. Os temas do casamento e do crime assim se misturam naturalmente à comida, fazendo eco ao assassinato da ex-agente de amizades e matrimônios, que certamente não conseguiu dar jeito no seu próprio caso.

Enquanto o inspetor Oxford se esforça por trinchar a desguarnecida codorna que lhe restou como prato de resistência, o verdadeiro criminoso deixa a casa, na calada da noite, levando num carrinho o saco de batatas que vai depositar, no meio de outros, na carroceria coberta de um caminhão de transporte, estacionado junto ao mercado. De volta para casa, relaxado no sofá, toma um gole de uísque com um pedaço de pão ou bolo e vai espiar da janela o caminhão no pátio do mercado; ao tentar limpar os dentes como de costume, ele repara na falta do alfinete, procura-o aflito em cada canto da casa até que se dá conta e refaz na memória o crime, que só agora vamos poder ver em *flashback*, no instante em que Babs, sem ar, em um gesto de desespero arranca-lhe o alfinete da lapela do paletó.

Rusk sai em busca dele, mas ao desfazer o nó, agora do saco de batatas, é surpreendido pelo movimento do caminhão que parte. Frenético, remexe nas batatas, que rolam, deixando aparecer um pé do cadáver, depois outro, pedaços das pernas, meio cruzadas, enrijecidas, resistentes. Um pé lhe dá na cara, escorrega peito abaixo, até enfiar-se debaixo do braço. O assassino tomba de lado, exausto, meio sufocado pelo pó, espirrando, tira o lenço para enxugar o suor do rosto, para conter os espirros. O balanço do caminhão atira-o de encontro ao corpo; súbito, num arranco mais forte, a portinhola da carroceria se abre e cai um dos sacos com as batatas esparramando-se pela estrada, para susto de quem vem atrás. Avisado, o motorista do caminhão para e vai ver o que se passa, enquanto o assassino se escuda detrás de outros sacos. A marcha continua, e o assassino a custo consegue puxar mais para fora o cadáver, que tem numa das mãos o alfinete, mas preso pelo *rigor mortis*. Depois de tentar em vão com o canivete, Rusk vai quebrando-lhe os dedos e consegue de volta o alfinete. Quando o caminhão, pouco depois, estaciona num posto, salta fora. O caminhão prossegue viagem, com a portinhola traseira aberta, e o cadáver à mostra logo tomba na estrada, para surpresa do carro patrulha que já perseguia a insólita visão.

A volta do assassino ao saco de batatas em busca do alfinete ganha na visão de Hitchcock um tempero paródico mais do que à moda da casa. Desde sua primeira aparição, Bob Rusk revela um acentuado infantilismo, comicamente disfarçado no tom paternal e bem-composto. Seu apego edipiano à mãe, caricatural, entrando pelo grotesco em meio àquele misturado jardim do éden a que ambos pertencem (o mercado de Covent Garden e Kent), não apenas lembra a verve com que o diretor trabalha os temas da psicanálise — nem é preciso comentar o símbolo fálico da gravata, de que se vale o matador impotente —, mas demonstra como tudo se articula, desde a caracterização e o próprio desenvolvimento do enredo, até o modo de narração. Percebe-se nos movimentos de retorno do estrangulador (e por vezes nos de recuo da câmera, como no *travelling* que precede o assassinato de Babs, ou ainda no *flashback* que reconstitui a cena do crime à cata do alfinete) a conotação regressiva da personalidade do psicopata, cujo comportamento infantilizado é referido mais de uma vez na conversa dos policiais e de comentadores do caso (como no bar em que Dick se detém para um *brandy*).

Mas o mais importante é que, no retorno decisivo ao saco de batatas, toda a sequência dramática no caminhão se assemelha a um sinistro parto às avessas, a que a imagem do saco confere uma dimensão metafórica, caracterizando, no mais fundo e geral, um simbólico *regressus ad uterum*. O quiproquó cômico que envolve a extração do cadáver, pelo efeito de inversão da paródia, na verdade expele o terrível, a morte cadavérica em que se espelha o humor negro com que foi composto todo o trecho. Mas ao mesmo tempo, ironicamente, vale como uma revelação, pois dá à luz a verdadeira identidade de Rusk tal qual catalisada na imagem do alfinete em que reluz a sua inicial de brilhantes, perdida grotescamente entre as batatas, alusivas à origem do assassino, e vinculada ao cadáver, imagem da destruição, a que ele serve.

A mistura do terrível com o cômico talvez nunca tenha sido tão complexa e acabada em Hitchcock como aqui, sobretudo porque tira sua força da integração ao desenvolvimento do enredo, cuja unidade transparece na coerência perfeita com que junta os elementos contraditórios postos em ação nessa sequência decisiva.

Mas o filme não acabou; ainda é preciso sair em busca da gravata em que deveria estar o alfinete.

Na verdade, a Inglaterra é uma ilha muito pequena, acanhada; por isso lá cada um trata de seu canto e de seu jardim, cuidando da própria privacidade, sem perturbar a de quem mora ao lado. Se a mulher de alguém desaparece, o vizinho leva um mês até perguntar por ela. O peculiar senso inglês do drama evita o choque, preferindo a atenuação; diante do terror instalado, prefere-se a exposição de forma suave. A polícia age de acordo; mesmo diante do crime mais escabroso, ao apanhar o autor com a boca na botija, nunca diz diretamente: "O.k., te pegamos!". Prefere ir por rodeios amenos: "Com licença, ao que parece cozinharam alguém em óleo fervente. Gostaríamos de saber se iria incomodar-se em responder a umas poucas perguntas sobre o assunto".

Essa forma de pensar, em que acreditava Hitchcock — "gosto de pegar uma situação lúgubre e contrapor os fatos de maneira suavizada"[66] —, conforme a expôs num de seus artigos, aqui resumido acima e cujo título plagiei até certo ponto no começo, deixando o molho inglês para o fim, na hora de reverter a comida à sua fonte, essa forma de pensar, repito, determinou o desenlace de *Frenzy*.

Perseguido, detido e condenado a nada menos que 25 anos de prisão, depois de se refugiar no apartamento do assassino, que o denuncia à polícia, Dick Blaney vai para trás das grades gritando impropérios contra Rusk, pois se dera conta do verdadeiro assassino ao ver que ele colocara em sua mala, com o propósito de incriminá-lo, quando lhe oferecera refúgio, as roupas e objetos que Babs usava no dia do crime. O inspetor Oxford, intrigado com os berros e as ameaças de morte contra Rusk, já com a pulga atrás da

66. Ver "Assassinato — com molho inglês", na coletânea de S. Gottlieb, acima citada, pp. 160-4. A frase se acha à p. 163.

orelha pelos comentários da mulher sobre os exagerados indícios que pareciam incriminar Blaney, retoma a investigação, dando logo com as pistas reais. Mais uma vez durante o jantar em que, sonhando com as comidas comuns, deve arrostar dois temíveis *pieds de porc à la mode de Caen*, sua mulher deixa claro que já sabe de antemão o que ele procura ainda provar, aguardando os resultados da investigação que lhe trará o sargento Spearman. A chegada providencial deste, com os detalhes incriminadores de Rusk, permite-lhe escapar do jantar e sair no encalço do criminoso, não antes, porém, de ter tentado em vão deglutir um pedaço do pé de porco e o pobre sargento ter provado uma *margarita* intragável, que acaba provocando engulhos na própria autora, vivamente interessada em recompensar o falso culpado com um imperdível *caneton aux cerises*.

Enquanto isso, Dick Blaney trama e executa sua fuga da prisão, encaminhando-se para a vingança contra Rusk, armado com uma barra de ferro que tira do porta-malas de um carro. Avisado da fuga, o inspetor e o sargento já sabem onde ir procurá-lo. Subindo lentamente, pé ante pé, uma das mãos no corrimão e outra com a barra, a escada do prédio do assassino, Dick encontra a porta aberta e ataca com a barra o corpo deitado na cama, sob as cobertas, com apenas parte do cabelo loiro arruivado à mostra. Um braço pende, chacoalhando pulseiras: uma loira jaz na cama com o recorrente enfeite da gravata. O inspetor o surpreende ainda estarrecido diante da visão, e, sem que haja tempo para qualquer explicação do equívoco, ouve-se o barulho de um objeto sendo puxado degraus acima. O inspetor cerra a porta, e os dois ficam aguardando a entrada do assassino, que entra arrastando uma enorme mala e queda, perplexo. O inspetor Oxford então conclui:

"Senhor Rusk... o senhor não está usando sua gravata."

O estrangulador deixa tombar a mala, que, dantescamente, cai como só um corpo morto cai.

Com esse último golpe baixo, Hitchcock revela não só a coerência formal do enredo como um todo,[67] que faz de *Frenzy* um dos seus melhores filmes, mas nos lembra, um pouco antes de se despedir, que a sua suposta metafísica está mais perto do chão do que dos céus.

67. Com toda a razão, nosso crítico Almeida Salles, num artigo de 1959, já via em Hitchcock o "mais obstinado e consciente fabulador do cinema contemporâneo". Ver seu *Cinema verdade*. Org. Flora C. Bender e Ilka B. Laurito. Ed. Carlos Augusto Calil. São Paulo: Companhia das Letras/Cinemateca Brasileira/ Fundação do Cinema Brasileiro, 1988, p. 179.

Índice onomástico

ESTA OBRA FOI COMPOSTA PELA SPRESS EM MINION E IMPRESSA EM OFSETE
PELA RR DONNELLEY SOBRE PAPEL PÓLEN SOFT DA SUZANO PAPEL E CELULOSE
PARA A EDITORA SCHWARCZ EM MAIO DE 2010